統計嫌いのための
心理統計の本

統計のキホンと統計手法の選び方

白井祐浩 著
Shirai Masahiro

創元社

目次

はじめに──統計における3つの理解 5

第Ⅰ部　統計が得意な人を頼るには

第1章　統計が得意な人を頼るには 15
第2章　統計手法を選ぶ上で知っておくべき用語 25
第3章　尺度水準と代表値・散布度 41
第4章　統計手法を選択するための視点 65
第5章　統計手法の簡単な解説と研究例 87

第Ⅱ部　心理学でよく用いられる統計手法

第6章　主要な統計手法を理解する上で知っておくべき用語 111
第7章　統計の種類と統計的仮説検定の考え方 123
第8章　t検定 135
第9章　分散分析 151
第10章　χ^2検定 161
第11章　ピアソンの積率相関係数 171

＊付録──統計手法チェック表 192
＊文献紹介1──統計の解説書 193
＊文献紹介2──統計ソフトの解説書 197
＊索引 200
＊おわりに 206

Column 1	量的研究と質的研究 22
Column 2	分散と標準偏差 61
Column 3	心理現象は順序尺度？　間隔尺度？ 63
Column 4	関係と違いを区別する方法 85
Column 5	等しいことを言いたい時は？ 134
Column 6	対応のないt検定と対応のあるt検定 146
Column 7	統計研究は客観的か？（1）──解釈における主観性 149
Column 8	統計研究は客観的か？（2）──なぜ有意水準は5%なのか 159
Column 9	分散分析とχ^2検定でわかることの違い 168
Column 10	直線関係と共分散──なぜ直線関係で共分散が最大になるのか 188

●第11刷に際しての注記（2024年12月）
本書ではイメージしやすくするために「因果関係」という表記をしていますが、本来は単回帰分析など本書で因果関係を見るための分析としている分析の結果だけで因果関係を説明することはできません。あくまでわかるのは、一方の変数の変化から他方の変数の変化を予測する「予測関係」になりますので、本書の関連書『逆引き！　心理学研究法入門』（2024年3月刊）では「予測関係」という表現を用いています。予測関係と因果関係の問題については、下記論文で詳しく述べられていますので、関心がある方はご参照ください。

吉田寿夫・村井潤一郎（2021）心理学的研究における重回帰分析の適用に関わる諸問題．心理学研究, 92(3), 178-187.

はじめに
統計における3つの理解

0-1 本書の取扱説明書

　本書は統計の専門家になるための本ではありません。「統計や数式が嫌い」で「本を読んでもよくわからない」けれど、「研究で統計を使わないといけないので困っている」という**統計嫌いの人のための本**です。そのため、本書を読むに当たっては次の点にご注意ください。

- 本書を読んでも、統計で使われる数式や統計手法の正確で詳しい説明はありません。
- 統計ソフトの使い方についての解説もありません。

　これらの点について知りたい人は巻末に「文献紹介」として個人的におススメの本を紹介していますので、そちらをご覧になって自分に合う本を探してみてください。本書で紹介するのは次のようなことです。

① 統計がわからないし統計ソフトの使い方もわからない人が、統計に詳しい人を頼るために必要な知識について紹介します。
② 主要な統計手法について、何となくこんなことをしているんだなという全体像がつかめる形で紹介します。

　本書は2部構成になっていますが、すべてを通読する必要はありません。自分にとって必要なところを選んで読んでください。
　第Ⅰ部では、①の**統計に詳しい人を頼るために必要な知識**について説明しています。「別に統計について知りたいわけではないから、統計に詳しい人を頼るために必要なことだけわかればいい」という人や、「統計手法の詳しい内容はわからなくていいから、どんな統計手法を使えばいいかがわかればいい」という人は第Ⅰ部を

見てください。

　第Ⅱ部では②について、次節で紹介する**「数式による理解」「文章による理解」「イメージによる理解」**という3つの理解の仕方を用いて主要な統計手法の解説を行います。少し前向きに「数式ばかりの統計の本は読んでもよくわからないけれど、少しでも統計を理解したい」という人や「細かいところはいいから、統計の全体像をつかみたい」という人は、第Ⅱ部を見てください。ただし、あくまで統計についての大まかなイメージを持つためのものとなっています。

　また、本書は心理統計の本ということで、心理学を専攻する学生を念頭に置いています。そのため、研究の具体例には心理学(特に臨床心理学)の研究例を多く用いていますので、その点はご了承ください。もちろん、内容としては他の学問領域でも役立つ知識になっていますので、心理学以外を専攻している人もぜひ研究を進める上での参考にしてください。

0-2　統計理解の3つの方法

　みなさんは、本書を手に取ったということは、「統計が苦手だ。本を読んでも意味がわからない」という人だと思います。では、どうしてそんなに統計に対する苦手意識を持ってしまうのでしょうか？　その理由の1つは、統計学は数学のイメージが強く、やたらと数式が並んでいるため、とっつきにくいという点が挙げられると思います。特に、心理学は学問分野としては人文・社会科学に属しているため、文系から心理学に来た人の中には「こんなはずじゃなかった……」と頭を抱える人も多いのではないかと思います。数学アレルギーの人にとっては、統計が数学の一分野というだけで、拒絶反応を起こしてしまうかもしれません。

　また、それだけではなく、統計用語についても「母集団」や「分散」など堅苦しい言葉が並び、あたかも知らない言語で書かれた本を読んでいるかのような感覚に陥る人もいるのではないかと思います。この文章での説明の難解さも統計嫌いを生み出す要因の1つと言えるでしょう。

　では、数式は見るだけでトリハダが立つし、難解な文章は読む気にならないという人は統計を理解することはできないのでしょうか？　そんなことはありません。私は統計には次の3つの理解の仕方があると考えています。

① 数式による理解：数式を用いて統計を理解する方法。
② 文章による理解：文章を用いて統計を理解する方法。
③ イメージによる理解：イメージを用いて統計を理解する方法。

　数式による理解、文章による理解が難しい人でも、実はイメージという方法を用いることで思いのほかすんなりと統計が理解できたりします。3つの理解の仕方にはそれぞれのメリットとデメリットがあり、どの理解の仕方が合っているかは人それぞれだと思います。この中から自分が得意なやり方を選んで統計を学んでいけばいいのです。まずは、この3つの理解の仕方がどのようなものなのかについて紹介したいと思います。

0-3　数式による理解

　数式による理解は**数式を用いて統計を理解する方法**です。多くの統計の専門書は数式を用いて解説をしていますが、どうして数式が使われるのでしょうか？
　その理由は、数式が数を扱う上で非常に効率のよい言語だからです。言葉で説明すると何ページもかかってしまう説明を、たった1つの数式で説明することが可能です。しかも、なかなか言葉にしにくい抽象的なことを、数式はいとも簡単に表現します。例えば、「2を基準にして、ある値が1ずつ増えると、もう1つの値が2ずつ増える状態」を、数式では「$y = 2x + 2$」と非常にシンプルに表現することができますし、数式の意味さえわかっていれば、文章で表現されるよりも数式で表現されたほうがわかりやすくもあります。さらに数式の長所としては、値を入れればそのまま答えを計算することができるという点があります。「2を基準にして、ある値が1ずつ増えるともう1つの値が2ずつ増える状態で、ある値が3の場合、もう1つの値は？」と聞かれても、とっさに答えは出てきません。しかし、数式で示されれば、xに3を代入すればいいということさえ知っていれば、$y = 2 \times 3 + 2 = 8$とすぐに答えを出すことができます。
　このように、数式による理解には**シンプルさと実用性**という**長所**がありますが、当然、短所もあります。1つは、**数式の意味やルールがわからなければ、まったく意味がわからない**という点です。英語も日本語も単語や文法を理解していなければ文章が読めないように、数式の意味やルールを理解していなければ数式によって統

計という文章を理解することはできません。数式に関する基礎知識があって初めて、数式による理解が可能になります。心理学を学ぶ文系の人はそもそも数式という単語に慣れ親しんでいないため、数式で表現された統計という文章を読むことができないのは当たり前といえば当たり前です。また、数式を用いた説明は非常に論理的で数式の積み重ねで成り立っているので、わかる人にはクリアに理解できるのですが、**わからない数式が1つ出てくると後はお手上げ状態になってしまいます**。何となくわかるとか、そこそこわかるという理解の仕方はあり得ません。数式による理解は、**数式という単語に慣れ親しんでおり、理路整然とした論理的な考え方を持つ人に向いている理解の仕方**と言えます。

数式による理解の例として、数式による平均値（☞54ページ）と分散（☞54ページ）の説明を**イメージ0-1**に載せています。

─── イメージ0-1　数式による理解 ───

例：1週間の最高気温が「11℃、12℃、9℃、8℃、10℃、7℃、13℃」の場合の
　　気温の平均値と分散についての「数式による理解」は……

平均値

$$\bar{x} = \frac{1}{n}\sum_{i=1}^{n} x_i = \frac{(x_1+x_2+\cdots\cdots+x_n)}{n}$$ ← 数式

=1/7(11+12+9+8+10+7+13)
=70/7
=10

Σは、値を全部足し合わせることを意味する記号です。

分散

$$\sigma^2 = \frac{1}{n}\sum_{i=1}^{n}(x_i-\bar{x})^2$$ ← 数式

=1/7((11-10)²+(12-10)²+(9-10)²+(8-10)²+(10-10)²+(7-10)²+(13-10)²)
=1/7(1+4+1+4+0+9+9)
=28/7
=4

数式による理解は、数学の知識さえあれば、非常にシンプルで、見やすい方法です。文章にするとややこしい作業が、わずか1行の数式で表されるのを見ると、数式は美しいと思いませんか？

0-4 文章による理解

文章による理解は文章で統計を理解する方法です。数式をほぼ使わず、文章だけで説明している統計本もいくつか出ています。数学が苦手な人にとってはまだ手に取りやすいですね。

文章による理解の長所としてまず挙げられるのは、**数式の意味やルールを知らなくても理解ができる**という点です。数学の基礎知識を持っていない人でも、日本語はわかりますよね。文章による理解は数式という言葉を知らなくても、日本語さえわかればある程度は理解ができます。これは文系の人にとっては非常に大きな長所になります。また、1つの数式は別の数式による表現は難しいので、数式による理解では補足や説明のバリエーションはありません。しかし、文章による理解であれば、例を挙げたり補足説明を加えたりすることで、何通りもの説明を行うことができます。このような**説明のバリエーションがある**ことで、1つの説明でわからなくても他の説明で補足ができるため、すべては理解できなくても何となくはわかるという中間的な理解が可能になります。

一方、欠点としては、たった1つの数式で説明できることを長々と説明しなくてはならず、また数式は抽象的で言葉にしづらい言語なので、**説明がややこしくなってしまう**点があります。さらに、数式は1つの意味しか持たないため誰が読んでも同じ理解につながりますが、日常語は**読み手の解釈によって誤解を生んでしまう**こともあります。このややこしさといろいろな解釈を許す可能性が、文章による理解を難しくしてしまうところと言えます。

このことから、文章による理解には当然、**文章の読解力**が必要になります。言葉になりにくい数式を無理に言葉にしているため、うまく表現できないところや欠落してしまっているところが出てくるのは仕方ありません。したがって、その点を**自分で補いながら読み進んでいくことが必要**になります。また、ややこしい説明から**本質的な部分を見抜く力**も必要となるでしょう。文章による理解は、文章の読解力に優れた、ややこしい文章から本質を拾い上げられる人に向いている理解の仕方だと考えられます。

文章による理解の例として、文章による平均値と分散の説明を**イメージ0-2**に載せています。

―― イメージ0-2　文章による理解 ――

例：1週間の最高気温が「11℃、12℃、9℃、8℃、10℃、7℃、13℃」の場合の気温の平均値と分散についての「文章による理解」は……

平均値

平均値は「全データの値を足し合わせたものを、データの個数で割ったもの」なので、11℃、12℃、9℃、8℃、10℃、7℃、13℃の合計は70℃になる。
それを7日で割ると、1日当たりの気温は10℃となる。
したがって、気温の平均値は10℃である。

分散

分散は「各データの値から平均値を引いたものを2乗し、全データ分を足し合わせた上で、データの個数で割ったもの（各データの平均値からのズレの距離の平均値）」である。
まず、各データから平均値の10を引くと、それぞれ「1℃、2℃、-1℃、-2℃、0℃、-3℃、3℃」となる。
これを2乗すると、「1℃、4℃、1℃、4℃、0℃、9℃、9℃」となる。
これを足し合わせると、28℃になり、これを7日で割ると、4℃となる。
したがって、気温の分散は4℃である。

うーん……何だか、文章にするとすごくややこしいですね。まったくワケがわからないというわけではないけれど、見ているだけで、頭がこんがらがってきちゃいそう……。

0-5　イメージによる理解

　イメージによる理解は視覚的なイメージを利用して統計を理解する方法です。最近はマンガやイラストを用いて説明する統計本も増えています。私の場合は統計を教える時に図を用いることが多いのですが、視覚的なイメージが持ちやすいように伝えることで**直感的な理解につながる**ようです。文章だと長々と説明しなければならないことが、図やイラストを用いることで、一目で何となく全体的な意味が理解できます。

　イメージによる理解の長所は、何となくではあってもわかりやすい、**直感的理解が可能**な点です。数式もややこしい説明も必要なく、わずかな説明だけでその本質的な意味や全体像が理解できるため、入り口としては非常に入りやすい理解の仕方と言えます。

　一方、欠点としては、直感的であるがゆえに**大まかな理解にとどまってしまう**ところがあります。何となくはわかるけれどいざ説明しようとするとうまく説明できなかったり、大雑把にはわかるけれど詳しいことはよくわからなかったりすることがあります。その点では、理解の入り口には良いですが、より詳しく知ろうと思っ

はじめに

たらさらに**数式による理解か文章による理解にステップアップしていく必要がある**でしょう。

　イメージによる理解は、**視覚的なイメージが得意で想像力が豊かな人、まず統計の全体的な大枠を理解したい人に向いている理解の仕方**と言えるでしょう。臨床心理学を学んでいる人は特に統計が苦手という人が多い気がしますが、イメージ力や直感力が重要な臨床心理学を学んでいる人にとってはこの理解の仕方が向いているのかもしれません。

　イメージによる理解の例として、イメージによる平均値と分散の説明を**イメージ0-3**に載せています。

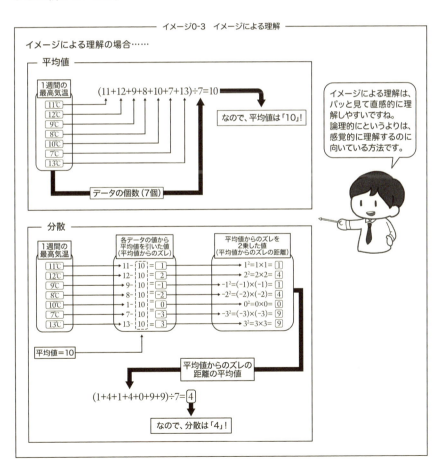

0-6　3つの理解の方法と意味による理解

　ここまで、統計の3つの理解の方法について紹介してきました。実際には、数式と言葉とイメージの3つの理解の方法のすべてで理解して初めて、統計を本当に理解したことになるのかもしれません。

　そうは言われても、3つの理解の仕方をすべて理解できる自信がないと思う人もいるでしょう。ご安心ください。実は、この**3つの理解は相互に関係し合っています**。例えば、文章による理解で統計の意味がわかれば、それをもとにしてイメージをふくらませていくことでイメージによる理解が、数式に当てはめていくことで数式による理解が可能になります。数式による理解で統計の意味が理解できれば、数式で理解した意味に沿って文章を読み解いていくこともできれば、イメージに置き換えることもやりやすくなります。イメージによる理解で全体像をつかめば、後はそれに沿って数式や文章を読み解きやすくなります。

　いずれか1つのやり方で理解ができれば、残りの理解の仕方もわかりやすくなるのです。大切なのは、どの方法でもいいのでとりあえず1つのやり方で理解することです。初めの取りかかりが数式なのか、文章なのか、イメージなのかの違いに過ぎません。**自分が一番わかりやすい方法で、統計の意味**(それが何を意味しているのか、何をやっているのか)**を理解すること**、つまり**「意味による理解」**を行うことが重要なのです(イメージ0-4)。

　本書では、これら3つの理解を駆使しながら、一見難しくお手上げ状態だと感じてしまうような統計をわかりやすく紹介していきたいと思います。少しでもみなさんの統計理解の役に立てたら幸いです。

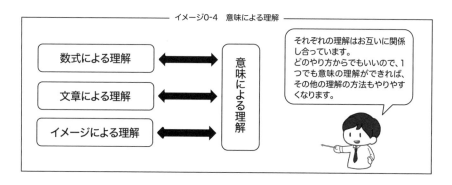

イメージ0-4　意味による理解

第 I 部
統計が得意な人を頼るには

第Ⅰ部のあんない

　統計が苦手な人は、どうしても統計が得意な人を頼らないといけない場面が出てきます。しかし、統計が得意な人に研究を丸投げすればいいかというと、そういうわけにもいきません。統計が得意な人を頼るにしてもある程度は自分で理解しておかないといけないことはありますし、できれば統計ソフトの使い方を教えてもらうくらいにとどめておきたいところです。

　第Ⅰ部では、統計が苦手な人が、統計が得意な人を頼るために必要な知識について紹介したいと思います。**統計が得意な人を頼る上でのマナー**（第1章）や**基本的な用語と知識**（第2章、第3章）、そして「**統計手法選択フローチャート**」（☞66ページ）を使いながら自分の研究で用いるべき**統計手法を選ぶための方法**（第4章）とそれぞれの**統計手法**（第5章）について簡単に紹介します。

　また、巻末には付録として「**統計手法チェック表**」（☞192ページ）を載せていますが、これは**統計手法を選ぶために必要な情報をチェック表形式に整理した**ものです。チェック表で記入する項目は統計手法選択フローチャートに沿っていますから、**フローチャートで自分の用いるべき統計手法を確かめながらチェック表に記入をしていく**といいでしょう。このチェック表は**自分自身で用いるべき統計手法を確認・整理する場合にも利用**できますし、**統計が得意な人を頼る時に自分がやりたいことを説明するために利用**することもできます。チェック表には統計手法の選択に必要な情報がまとめられているので、チェック表をコピーして、該当部分を記入した上で統計に詳しい人に渡せば、すぐに統計手法を選択し、適切な分析をしてくれることでしょう。統計が得意な人を頼る時に、ぜひ活用してもらえればと思います。

第1章 統計が得意な人を頼るには

1-1 統計に詳しい人を頼るためのマナー

　「はじめに」でも触れたように、心理学を学んでいる学生の中には統計嫌いの人がかなりいるように思います。人の心を理解する学問かと思っていたら数字ばっかりでがっかりしたという声もよく聞きますし、卒業論文の時期になると取ったデータをどう処理していいかわからず右往左往している学生をよく見かけます。大学生に限らず、大学院生や、場合によっては大学院を修了した後でも、同じような心境の人は多いのではないでしょうか。特に臨床心理学を学んでいる人の中には、この統計アレルギーがかなり強く、本当は研究もしてみたいけれど統計が苦手だからなかなか手を出せないという人もいそうです。しかし、せっかく関心のある研究テーマがあるのに統計が苦手だからという理由であきらめてしまうのは、もったいない気がします。「統計が苦手だ、だけど研究はしたい」という人はまずこの第Ⅰ部を読んでください。

　私は、もし統計が苦手であれば、必ずしも統計について詳しく理解し、自分で統計ソフトを使って結果を出せるようになる必要はないと考えています。人は誰しも得手不得手があるのですから、研究もすべて自分でする必要はありません。研究で知りたいことを知ることができればいいのですから、**自分だけでは統計がわからないのであれば、統計に詳しい人を頼ればいいだけ**の話です。後はお礼に晩ごはんでもごちそうしてあげれば、お互い幸せで何も問題はありません。統計が苦手という人は、どんどん統計に詳しい人を頼るといいでしょう。

　とはいえ、統計に詳しい人を頼るとしてもきちんと頼るためには押さえておくべき点があります。これは頼る人が最低限知っておかないといけないことであり、統計に詳しい人を頼る上でのマナーと言えます。また、この点を押さえておかないと、頼られる人もきちんと対応することができません。最低限押さえておくべきことは大きく分けて2つあります。

①目的を明確にして、頼る相手にそれを説明する。
②自分の研究の目的に合った統計手法を選択して伝える。

　第1章ではこの2つの点から、統計が得意な人を頼るには前もって何をしておく必要があるのかについて考えてみたいと思います。

1-2　目的を明確にして頼る相手に説明する

　まず「目的を明確にして頼る相手に説明する」については、創元社から出版されている『心理臨床の学び方――鉱脈を探す、体験を深める』の私の担当した章[注1]に書いてあるので、詳しくはそちらを読んでいただきたいのですが（宣伝！）、簡単に概要を紹介します。

　学生からよく「データを取ったけれど、どの統計手法を使ったらいいかわからないので教えてください。このデータで相関とかt検定とかできますか？」という質問を受けることがあります。とりあえずデータは取ってみたけれど、どんなデータ処理ができるのかわからないという状態ですが、このような形で頼られても、頼られる人もどう返答していいか困ります。なぜなら、これだけの情報では、どのような統計手法を用いたらいいかを決められないからです。このような場合、頼られた人はまず、頼ってきた人が何を知りたいのかを整理していかなければならなくなるのですが、これには途方もない時間がかかる上に、直接的には統計の話ではないので、正直「指導教員の先生と話してよ」と思ってしまいます。

　統計が得意な人を頼るのに大事なことは、次の点です。

①「自分が何を知りたいのか？」という研究目的がはっきりしている必要がある。
　研究目的がはっきりしていれば、用いる統計手法は自然と決まる。
②自分が知りたいことを具体的に説明できることが、統計に詳しい人を頼る上での最低限のマナーである。

注1）　白井祐浩（2015）臨床家はどうして統計が嫌いなのか――統計嫌いのあなたへ　村山正治（監修）・井出智博・吉川麻衣子（編）心理臨床の学び方――鉱脈を探す、体験を深める　創元社　pp.121-144.

また、このことは他の人を頼らない場合でも重要です。もし**研究目的が明確ではない段階でデータを取ってしまうと、知りたいことを知るために必要なデータが取れておらず、途方に暮れる**という事態になりかねません。いくら統計が得意な人でも、データが目的に合っていなければどうしようもありません。こうなると後の祭りで、無理やり質の悪い研究にまとめざるを得なくなり、研究に協力してくれた人の時間と労力も無駄にしてしまうことになります。

先走ってデータを取るのではなく、**時間をかけて自分のやりたいことを明確にした上でそのために必要なデータを取る**こと、そして統計に詳しい人に「この要因とこの要因とが関係があるかどうかについて知りたいからこういうデータを取ったのだけれど、どういう統計処理をしたらいいですか？」と具体的に質問することができれば、頼られた人もきちんと適切な方法を教えることができるでしょう。

1-3　研究目的に合った統計手法を選択して伝える

研究目的を明確にして説明することは最低限のマナーですが、**用いる統計手法の種類までわかっていて、聞きたいことはそれを統計ソフトでどう処理すればいいかという点だけ**というところまで持っていけると、ベターです。

統計手法を自分で選べることの利点としては、次のことが挙げられます。

① 統計手法まで自分で選べれば統計に詳しい人への丸投げにならず、頼られる人も統計ソフトの使い方さえ教えればいいので楽。時間も短くて済む。
② 統計手法を自分で選ぶことは研究目的や必要なデータの種類について確かめることにつながる。

①については、「こういう目的で、こういう統計手法を用いるつもりなんですが大丈夫ですか？」という確認と、「統計ソフトの使い方を教えてください」という技術的な質問だけで済むので、教えるのにそんなに時間は要りません。頼られる人としても丸投げをされると「少しは自分で考えたら？」と思ってしまいますが、統計手法の確認だけであれば詳しい研究内容について長々とやりとりする必要もないので、気分よく答えられます。

また、統計手法を選択できることは単に頼られる人の負担を減らすだけでなく、

②にあるように、**統計手法を選択する過程で目的がより明確になったり、必要なデータの選択ができるようになる**という利点があります。

　統計手法を選ぶに当たってはカギとなる視点があり、そこさえ押さえておけば用いるべき統計手法は自動的にわかります。その視点の中には「研究で何が知りたいのか？」という研究目的や「データはどのようなものか？」というデータの種類についての情報も含まれています。**研究者自身が統計手法の選択ができるということは、自分の研究目的が明確であり、取らなければならないデータの種類についても理解している**ことを意味します。研究者自身が研究目的やデータについてきちんと理解することで「知りたいことを知るために必要なデータが取れておらず、途方に暮れてしまう」ということは避けられます。つまり、統計手法の選び方を知っておくことで研究目的や必要なデータについて整理でき、変なデータを持って行って頼った人を困らせるという事態を防ぐことができるのです。

1-4　統計手法を選ぶのは難しい？

　研究者が自分で統計手法を選ぶのが大事だと言うと、統計嫌いの人からは「でも、そんな統計手法を選ぶなんて難しいんじゃないの？」という声が聞こえてきそうです。確かに、一つひとつの統計手法をしっかり理解するというのは、なかなか骨の折れる作業です。しかし、統計に詳しい人を頼るために必要なことは、**統計手法を詳しく理解することではなく、統計手法を選べること**です。

　統計学者ならいざ知らず、統計を研究の道具として利用しようと考えている人にとっては、どんな統計手法があるかを覚えたり、それぞれの統計手法がどんな数式で計算されどんな意味を持つのかなんてことを知ることは、必ずしも必要ではありません。身近な例を挙げると、電子レンジの仕組みを知らないからといって電子レンジが使えないわけではありません。冷蔵庫の詳しい構造を知らなくても、冷蔵庫が物を冷やすものだということを知っていれば、冷蔵庫をきちんと使うことができるのです。道具は詳しい構造を知らなくても利用目的と使い方を知っていれば使うことはできます。そして、統計も研究を行うための1つの道具です。自分が食材を温めたいのか冷やしたいのかがわかれば電子レンジと冷蔵庫のどちらを使ったらいいかがわかるように、自分が何をしたいのかという研究目的がわかればそれを知るために用いる統計手法を選ぶこと自体はそれほど難しいことではありません。

第4章では、統計手法の内容自体をしっかりわかっていなくても適切な統計手法を選ぶことができるように、**統計手法選択フローチャート**（☞66ページ）を載せています。フローチャートとは流れ図のことです。このフローチャートは、研究で知りたいことや研究で用いるデータの特徴などの質問に対して当てはまる答えを選択していけば、用いるべき統計手法にたどり着くようにできています。

　また、フローチャートで選択される統計手法に関しては、ごく簡単にではありますが第5章で説明をしているので、それぞれの統計手法がどんな方法なのかを知りたい人はこちらのほうを見てください。その中でもよく使われる統計手法に関しては、第Ⅱ部で少し突っ込んだ説明をしています。第Ⅰ部を読んで「もう少し詳しく統計について知りたい」と思った人は、ぜひ第Ⅱ部のほうも読んでみてください。

1-5　統計嫌いが人を頼るためのフローチャート

　最後に、前出の『心理臨床の学び方』に掲載している、**統計嫌いが人を頼るためのフローチャート**を少し書き換えたものを載せておきます（イメージ1-1）。これは学生と話している中で思うことなのですが、統計が苦手な人の中には統計手法の内容自体がわからないという以前に、**そもそも自分が今どういう段階にいるのか、何をする必要があるのかがわからない**という人がかなり含まれているようです。だからこそ、統計を教えてもらうために何をしていいのかがわからず、とりあえず統計に詳しい人を頼ってみるけれど、なかなかうまく進めることができないという状況に陥るのでしょう。

　つまり、統計手法の選び方に進む前に、**今、自分がどの段階にいるのかを確かめてみることが大事**と言えます。まず自分の状況を知って、その上で統計が得意な人を頼るというのが正しい順序なのです。とはいえ、「じゃあ、今の自分はどのような状態にあって、何が必要なのかをどうやって知ればいいの？」という疑問を持つかもしれません。「統計嫌いが人を頼るためのフローチャート」はこのような時に活用するものです。統計が苦手なので統計が得意な人を頼りたいという時に、**自分がどこでつまずいているのかを確かめ、頼るタイミングや必要な情報がイメージ**できるようになっています。フローチャートでは、次の4つの点について質問があるので、当てはまるほうに進んでいってください。

第1部 統計が得意な人を頼るには

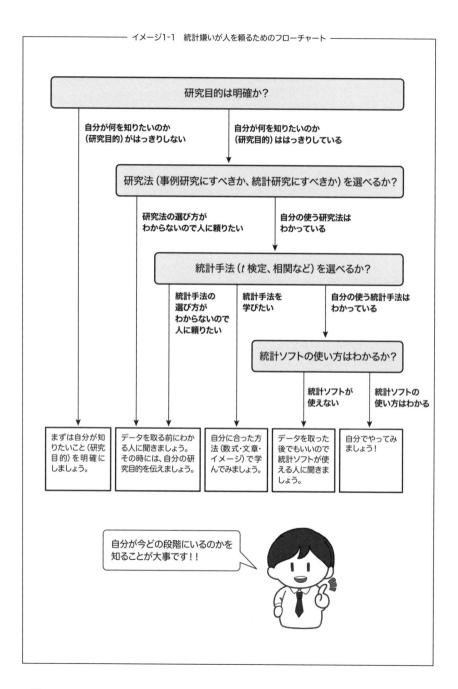

イメージ1-1 統計嫌いが人を頼るためのフローチャート

①研究目的は明確か？：自分が何を知りたいのかがはっきりしているかどうか。
②研究法を選べるか？：調べたいことを調べるためには統計的な手法を用いるほうがよいのか、それとも事例研究や質的研究などの研究法を用いたほうがよいのか。
③統計手法を選べるか？：用いる統計手法の選び方がわかっているかどうか。本書で主に扱うテーマ。
④統計ソフトの使い方はわかるか？：自分で統計ソフトが使えるかどうか。

　どうだったでしょうか？　自分に何が必要かわかったでしょうか？　もし、①の研究目的が明確でない場合には、まず自分が何を知りたいのかを自分に尋ねてみてください。②の研究法の選択の部分でつまずいている人は、周りの人や先生に自分がやりたい研究の目的を説明し、どんな形で研究を進めていけるのかについて相談してみてください。そして、もし①の研究目的が明確で、②の研究法は統計的な研究を行うというところまではっきりしている人は、次からの章を読んでみてください。きっと自分が使うべき統計手法がわかると思います。

Column 1
量的研究と質的研究

　心理学の研究というと、真っ先に思い浮かぶのが統計を用いる**量的研究**です。極端な場合には、統計を使うことこそが客観的な研究の必要条件だと考えている人もいます。しかし本当は統計とは研究のための道具に過ぎませんし、統計だけが唯一の研究の道具というわけではありません。特に近年は、インタビューの逐語記録や自由記述などのテキストデータや数名の事例をデータとする事例研究を含む**質的研究**が脚光を浴びています。この量的研究と質的研究、いったいどのように使い分ければいいのでしょうか？

　いろいろな考え方があるとは思いますが、1つには、**質的研究は仮説生成に向いている**のに対し、**量的研究は仮説検証に向いている**という点があります。これまで研究がなされていない新しい領域や新しい視点について大まかな方向性を見出すには、なるべく幅広く自由なデータから仮説を作り出していく必要があります。一方、ある程度仮説が見えてきて、実際にその仮説がどのくらい適切であるのかを確かめるには、標的を絞った上でなるべく多くのデータから仮説を検証していく必要があります。方法の性質上、**前者には質的研究**が、**後者には量的研究**が向いています。このように、**量的研究と質的研究は優劣があるものではなく、その目的により使い分けられるべきもの**なのです。

　では、幅広い文章データを扱う質的研究における客観性とは何でしょうか？私は、これは多くの人に「なるほど、確かに」と思わせる**説得力**と、話に筋が通っていることを表す**論理的一貫性**だと思います。説得力については、例えばインタビューや自由記述の分類の妥当性を高める方法として専門家数人に確認してもらい、確かに問題ないとお墨付きをもらうこと（内容的妥当性と言います）があります。これは研究者が行った分類が専門的知識を持った人から見ても説得力を持つことを意味します。また、論理的一貫性はデータから得られた情報を論理的に筋道立てて考察することですが、質的研究の分析とはまさにデータの情報を論理的に結びつけて筋道立った結論を導き出す作業であり、

そもそもこれがないとその研究に説得力はありません。質的研究ではこれらの手続きを通して、結果が研究者の勝手な思い込みではないことを確認するのです。

　ところで、実際にはこれらの手続きは質的研究に限らず、量的研究でも重要です。確かに質的研究は量的研究に比べて研究者の主観や思い込みが入りやすいため、特に意識する必要はあります。けれども、量的研究においても出てきた結果と考察がまったくつながっていなかったり、データの解釈に一貫性がない研究はよく見られます。

　私は統計を用いることが研究を客観的にすることだとは思いません。この統計における主観性については後で話します（☞Column 7：149ページ、Column 8：159ページ）が、真に客観的な研究とはデータが語っていることをきちんと読み取り、研究者1人の思い込みではなく多くの人が納得するような考察が行われ、その考察が実際に世の中の現象を論理的に説明できるという**「質的な客観性」**によってこそ成立するのではないかと、そう思うのです。

第2章 統計手法を選ぶ上で知っておくべき用語

　第2章では、統計手法の選択の仕方を説明する前段階として、統計手法を選ぶ上であらかじめ知っておいたほうがよい用語や知識について説明します。本文の説明はわかりやすくということを心がけていますが、必要に応じて専門用語を用いて説明する部分があります。とはいえ、これらの用語を暗記する必要はありません。初めて出てくる用語については、その用語の説明が書かれているページ数を記載しています。また、前の章までに出てきた用語であっても、その章で初めて使われる場合はその用語の説明がされているページ数を記載しています。わからない用語があれば、記載されているページを読み直すという辞書的な使い方をしてください。

　この章で説明する用語をまとめると次のようになります。

- 値（☞26ページ）：研究参加者に割り当てられた数値や研究参加者が答えた数値。
- データ（☞26ページ）：値や情報がひとまとまりになったもの。
- 変数（☞27ページ）：いろいろな値を取り得る数。
- 要因（☞27ページ）：研究者が設定した変数。
- 水準（☞28ページ）：要因内で取り得る値。
- 条件（☞28ページ）：要因内で取り得る値（水準）を組み合わせたもの。
- 群（☞29ページ）：データをある特徴によってまとめたもの。
- 実験群（介入群）（☞30ページ）：研究者が操作や介入を行う群。
- 統制群（対照群）（☞30ページ）：研究者が操作や介入を行わない群。
- 独立変数（☞31ページ）：違いを見る研究で、研究者が設定する変数。
- 従属変数（☞31ページ）：違いを見る研究で、独立変数の変化に応じて変わる変数。
- 説明変数（☞32ページ）：因果関係を見る研究で、研究者が原因として設定する変数。
- 目的変数（☞33ページ）：因果関係を見る研究で、研究者が結果として設定する変数。
- 効果（☞33ページ）：従属変数の値の中で、独立変数による影響の部分。
- 誤差（個人差）（☞34ページ）：従属変数の値の中で、独立変数以外の要因による影響の部分。

- 無作為抽出（☞35ページ）：研究者の意図を含めず、ランダムにデータを集めること。
- 無作為割り当て（☞35ページ）：研究参加者の特徴によらず、ランダムに群に分けること。
- 対応（☞37ページ）：比較の対象が同じ特徴を持つこと。
- 対応づけ（☞38ページ）：研究者の側であらかじめ似た特徴を持つ人をペアにする手続き。

では、それぞれの用語についてもう少し見ていきましょう。

値

　値とは、**研究参加者に割り当てられた数値や研究参加者が答えた数値、データから計算された数値**を意味します。研究参加者に割り当てられた数値とは、グループ分けのために研究参加者に割り振る数値のことで、男性を1、女性を2にした時に各研究参加者に割り振る「1」や「2」という数値が値になります。対して、研究参加者が答えた数値は、研究参加者が質問や課題に答えることで得られる数値です。例えば、国語のテストで、Aくんが80点、Bさんは65点、Cくんは30点の場合、「80」がAくんの値、「65」がBさんの値、「30」がCくんの値になります。また、心理学の研究でよくある「まったく当てはまらない」を1、「あまり当てはまらない」を2、「どちらとも言えない」を3、「少し当てはまる」を4、「非常に当てはまる」を5と回答するような質問紙の場合、「1」から「5」の数値が値となります。そして、この値に合計や平均などの計算を加えたものが、データから計算された数値です。

　複数回答でなければ、**各研究参加者は1つの変数に対して1つの値を取ります**。

データ

　値や情報がひとまとまりになったものが**データ**です。データはまとめ方によっていろいろな呼び方があります。**一人ひとりの研究参加者が答えた値のまとまりは「個人データ」**と呼ばれ、**数値で示される値のまとまりは「量的データ」**、文章で示される情報のまとまりは**「質的データ」**と呼ばれます。一般的に「**データ**」と言われるのは、**研究で用いる値全体のまとまり**のことです。

第2章　統計手法を選ぶ上で知っておくべき用語

変数

　変数とは、**いろいろな値を取り得る数**を指します。例えば、100点満点の国語のテストでは、「国語のテストの得点」というくくりが変数になります。そして、このテストを受けた人は0～100点のいずれかの点数を取ることになるので、この「国語のテストの得点」は0～100点の間の値を取り得る変数だと言えます。また、例えば、男性を1、女性を2とした時の「性別」や、1年生を1、2年生を2、3年生を3とした時の「学年」、ストレスを調べる質問紙を行った時のストレス得点の合計点である「ストレス尺度得点」なども変数になります。ここでややこしいのは、「食欲がない」や「気分が落ち込む」などの項目も変数になり得ますし、項目の合計得点である「ストレス尺度得点」も変数となり得ます。一言で変数と言っても**いろいろなレベルの変数が存在する**のです。

　イメージ2-1に値・データ・変数のイメージをまとめています。

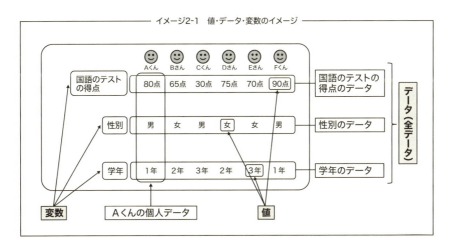

イメージ2-1　値・データ・変数のイメージ

要因

　要因とは、**研究者が設定した変数**（独立変数：☞31ページ）のことです。研究者が研究で比較を行うために設定した集団（群：☞29ページ）とも言えます。例えば、男女の違いを調べたい場合は「性別」が要因となり、学年による違いを調べたい場合は「学年」が要因となります。心理療法を行う人と行わない人を比較する場合は「心理療

法実施の有無」が要因になります。

　また、1つの研究で扱う**要因の数**を**要因数**と呼びます。例えば、男女の違いを調べたいだけなら「性別」という1つの要因だけを扱うので、要因数は1になります。「性別」に加え「学年」の違いも考えたいという場合は「性別」と「学年」という2つの要因を扱うことになるので、要因数は2になります。要因数が増えれば増えるほど分析は複雑になるので、なるべく1要因か、せめて2要因くらいの研究に抑えるほうがいいでしょう。

水準

　水準とは、**要因内で取り得る値**のことです。また、**要因内で取り得る水準の数**のことを**水準数**と言います。例えば、「性別」という要因の中には「男性」と「女性」という2つの水準があり、「性別」という要因の水準数は2になります。中学校の「学年」であれば「1年」「2年」「3年」がそれぞれ水準となり、「学年」という要因の水準数は3になります。また、研究者が「心理療法を行う群」と「心理療法を行わない群」という2つの群を設定した場合は、「心理療法実施の有無」という要因の中に「心理療法を行う群」「心理療法を行わない群」という2つの水準が含まれるので、「心理療法実施の有無」という要因の水準数は2になります。

条件

　条件という用語はいろいろな使い方をされますが、本書では**「要因内で取り得る値（水準）を組み合わせたもの」**を条件と呼びたいと思います。また、**取り得る条件の数**のことを**条件数**と言い、**各要因の水準数を掛け合わせる**ことで計算できます。ちなみに、**1要因の場合の条件数は要因の水準数と一致**します。例えば、1要因の場合は、「学年」が「1年」「2年」「3年」の3水準なら条件数も3になります。また、2要因の場合は、「性別」が「男性」「女性」という2水準で、「心理療法実施の有無」が「行う」「行わない」の2水準なら、条件は「男性で行う人」「男性で行わない人」「女性で行う人」「女性で行わない人」となり、条件数は「性別」2水準×「心理療法実施の有無」2水準＝4条件となります。

　イメージ2-2に要因・水準・条件のイメージをまとめています。

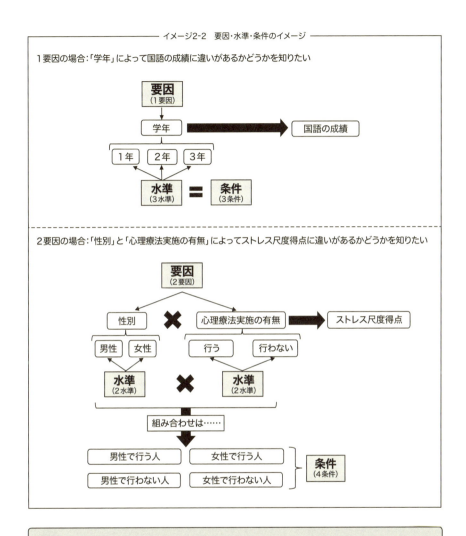

イメージ2-2　要因・水準・条件のイメージ

群

　群とは、**データをある特徴によってまとめたもの**を指します。具体的には**要因に含まれるそれぞれの水準**がこれに当たります。例えば、性別であれば、「男性」が1つの群、「女性」が1つの群になります。男性群は男性という特徴によってまとめられた集団であり、女性群は女性という特徴によってまとめられた集団と考えられます。また、研究者が意図的にある特徴に応じてデータを分けることもあり、これを

群分けと言います。例えば、ストレス尺度得点が平均値よりも高い人たちを「ストレス高群」、低い人たちを「ストレス低群」と分けたり、心理療法を実施する人たちを心理療法を「行う群」、実施しない人たちを「行わない群」と分けたりします。

群分けの仕方で結果が変わることもあるので、どのような群に分けるのかは研究において重要な点と言えます。

実験群（介入群）

実験群（介入群）とは、**研究者が操作や介入を行う群**のことです。実験研究では現象の性質を理解するために研究者が操作や介入をすることで、ある現象にどのような影響を及ぼすのかを調べることが目的とされます。この際に、実際に操作や介入が行われる人たちが実験群です。例えば、心理療法実施の有無でストレス尺度得点に違いがあるかどうかを知りたい場合には、心理療法という介入を行う群が実験群になります。

統制群（対照群）

統制群（対照群）は、実験群に対応する用語で、**研究者が操作や介入を行わない群**のことです。ある現象を明らかにするには研究者の操作や介入で起こることを見るとともに、操作や介入を行わない場合に起こることも見る必要があります。なぜなら、実験群で起こった現象が研究者の操作や介入で起こったものなのか、自然に起こるものなのかの区別ができないからです。例えば、小さな子どもに1年間牛乳を飲ませるという介入をしたところ身長が伸びたとします。ここから牛乳が身長を伸ばす効果があると結論づけていいでしょうか？　もちろんその可能性もありますが、一方で牛乳で身長が伸びたのではなく、自然な成長で身長が伸びた可能性もあります。どちらが正しいかを確かめるには、介入はせず時間による変化だけを見る群と比べて身長が伸びたかを調べる必要があります。この介入をしない群が統制群です。実験群の節で紹介した例で言えば、心理療法を行わない群が統制群となります。

イメージ2-3に群・実験群・統制群のイメージをまとめています。

第2章　統計手法を選ぶ上で知っておくべき用語

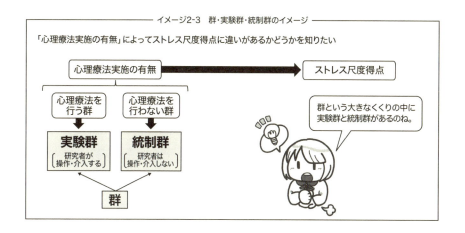

独立変数

　独立変数とは、違い（☞70ページ）を見る研究において**研究者が設定する変数**のことで、**要因**と同じ意味で使われます。また、原因→結果という文脈であれば**原因**となる変数でもあります。ちなみに、独立変数には**あらかじめ決まっている変数**（例えば、性別のような研究対象者の特徴など）の場合と**研究者が割り当てる変数**（例えば、ある人は心理療法を行う群に割り当て、別の人は心理療法を行わない群に割り当てるなど）の場合があります。例を挙げると、「性別によってタバコを吸うかどうか（喫煙の有無）に違いがあるかどうかを知りたい」という研究の場合には、「性別」が独立変数になります。また、「心理療法実施の有無によってストレスの程度（ストレス尺度得点）に違いがあるかどうかを知りたい」という研究の場合には、「心理療法実施の有無」が独立変数になります。

従属変数

　従属変数とは、違いを見る研究において**独立変数の変化に応じて変わる変数**のことです。原因→結果の文脈であれば**結果**となる変数です。例えば、上で挙げた「性別によってタバコを吸うかどうか（喫煙の有無）に違いがあるかどうかを知りたい」という研究の場合には、「タバコを吸うかどうか」が従属変数になります。また、「心理療法実施の有無によってストレスの程度（ストレス尺度得点）に違いがあるかどうか

を知りたい」という研究の場合には、「ストレスの程度」が従属変数となります。

この従属変数は、独立変数とは違って**どんな値を取るかを研究者が決めることはできません**。研究参加者の回答しだいということになります。

イメージ2-4に独立変数・従属変数のイメージをまとめています。

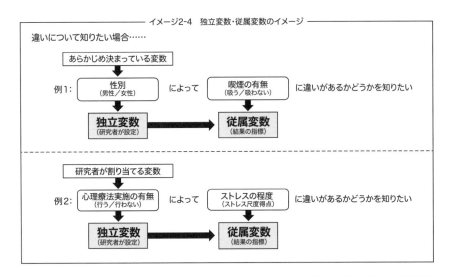

イメージ2-4　独立変数・従属変数のイメージ

説明変数

独立変数と従属変数は違いを見る場合の原因と結果に当たる変数でしたが、説明変数と次の目的変数は**因果関係**（☞73ページ）を見る場合に用いられる変数です。

説明変数とは、因果関係を見る研究において**研究者が原因として設定する変数**です。違いを見る研究の場合の独立変数に当たるものです。**結果に関する説明として研究者が想定している変数**なので説明変数という名前がついています。例えば、「家族の親密さ（家族の親密度尺度得点）が対人積極性（対人積極性尺度得点）に及ぼす影響を知りたい」という研究の場合、「家族の親密さ」が原因、「対人積極性」が結果となるので、「家族の親密さ」が説明変数となります。「ストレスの程度（ストレス尺度得点）から精神的健康（GHQ得点）を予測したい」という場合ならば、「ストレスの程度」が原因、「精神的健康」が結果となるため、「ストレスの程度」が説明変数となります。

研究目的を文章にした時に**先にくる変数が原因**に、**後にくる変数が結果**になります。説明変数かどうかを見分けるには**先にくる変数に注目する**といいでしょう。

目的変数

目的変数とは、**因果関係を見る研究において研究者が結果として設定する変数**です。違いを見る研究の場合の従属変数に当たるものです。研究者が知りたい部分であり、**研究の目的となる部分**なので目的変数という名前がついています。例えば、「家族の親密さ（家族の親密度尺度得点）が対人積極性（対人積極性尺度得点）に及ぼす影響を知りたい」という研究の場合、「対人積極性」が目的変数となります。「ストレスの程度（ストレス尺度得点）から精神的健康（GHQ得点）を予測したい」という場合ならば、「精神的健康」が目的変数となります。

目的変数を見分ける場合は、研究目的の文章の中で**後にきている変数に注目する**といいでしょう。

イメージ2-5に説明変数・目的変数のイメージをまとめています。

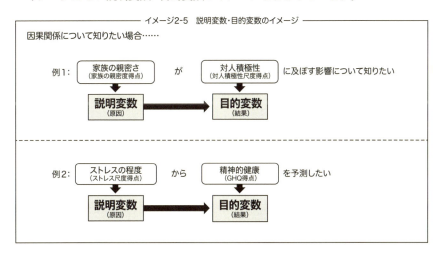

イメージ2-5　説明変数・目的変数のイメージ

効果

従属変数の値は大きく分けて、**効果の部分**と**誤差（個人差）の部分**に分かれます。

効果とは、従属変数の値の中で独立変数による影響の部分を意味します。これは**研究を通して研究者が知りたい部分**になります。例えば、「ストレスの程度」によって「精神的健康」に違いがあるかどうかを調べる場合、研究者が知りたいのは「ストレスの程度」の「精神的健康」への影響の部分になりますが、「精神的健康」に影響を

及ぼすのは「ストレスの程度」だけではありません。もともとその人が持っている「精神的な強さ」や周りの「サポートの有無」が影響するかもしれません。また、「性別」や「年齢」、生まれ育った「家庭環境」などさまざまな要因が影響するでしょう。研究者はこれらの要因を取り除いた、純粋な「ストレスの程度」の「精神的健康」への影響を見たいと考えます。この余分な要因を取り除いた「ストレスの程度」による「精神的健康」への影響の部分が効果になります。

誤差（個人差）

誤差とは、従属変数の値の中で独立変数以外の要因による影響の部分を意味します。これは個人差とも呼ばれ、研究において**効果を見えにくくする要因**です。つまり、**統計研究においては邪魔な要因**であり、研究者はこの誤差をなるべく少なくしようと努力します。例えば、「ストレスの程度によって精神的健康に違いがあるかどうかを知りたい」場合には、「ストレスの程度」以外で「精神的健康」に影響を及ぼす要因が誤差になります。効果の項で挙げた、もともとの「精神的な強さ」や周りの「サポートの有無」、「性別」や「年齢」、生まれ育った「家庭環境」などの要因は誤差になりますし、他にもいろいろな誤差の要因は考えられます。

イメージ2-6に効果・誤差のイメージをまとめています。

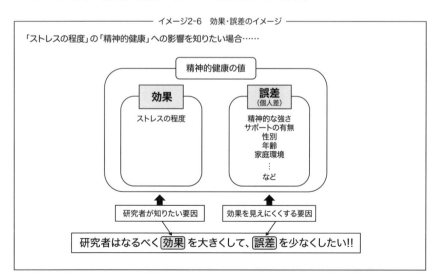

イメージ2-6　効果・誤差のイメージ

無作為抽出

　無作為とは**ランダム**とも呼ばれ、人の意図を含めず、まったくの偶然によって選ぶことを言います。つまり、無作為とは「人の作為（意図）が無い」という意味です。
　そして、**無作為抽出**とは、基本的には**データを集める時に研究者がある特徴を持つデータだけを集めるという意図を含めず、まったくの偶然の力を借りて幅広くデータを集める**ことを言います。ただし、現実的には完全な無作為抽出は難しい場合も多いですし、研究者の意図とランダム性の両方が含まれるような形でデータを集める場合もあります。
　心理統計で使う統計手法の中でも特に**推測統計**（☞124ページ）で用いられる手法には、データがこの無作為抽出で集められていることを前提条件としたものが多くあります。

無作為割り当て

　無作為割り当ては、**研究参加者を各群に振り分ける（群分けをする）時に、研究者の意図や研究対象者の特徴によらず、ランダムに振り分ける**ことを言います。この無作為割り当てを行うためによく用いられるのが**乱数表**です（イメージ2-7）。これはまったくランダムに数字が並んでいる表で、表の順番で研究参加者を配置していくことで研究者の意図を含まず、無作為に研究参加者の割り当てを行うことができます。乱数表は表計算ソフトなどで簡単に作ることができます。
　対して、一方の群にテストの得点が高い人、もう一方の群にテストの得点が低い人を振り分けたり、一方に男性、もう一方に女性を振り分けるというような**ある群がある特徴を持つように研究者が研究参加者を振り分ける場合や2つの群が同じくらいの成績になるように振り分けたり、男女が等しく両群に含まれるように振り分けるというようなすべての群が同じような特徴を持つように振り分ける場合は無作為割り当てとは呼びません**。なお、無作為割り当てとは呼ばない手法のうち、特に後者のような似たような特徴を持つ研究参加者をペアにして各群に割り当てるという手続きを**対応づけ**（☞38ページ）と言います。
　多くの**実験を伴う研究**では偶然の数学である確率の考えを基礎としているため、基本的には偶然の力を用いる**無作為割り当て**が行われますが、研究目的によっては

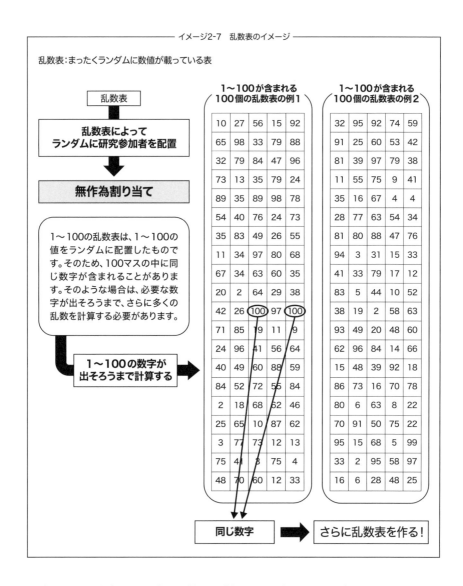

イメージ2-7 乱数表のイメージ

対応づけや研究者がある意図を持って割り当てを行うほうが適切なこともあります。この時、**無作為割り当てが行われる場合と対応づけが行われる場合では用いられる統計手法が異なるので注意が必要です**（☞Column 6：146ページ）。

イメージ2-8に無作為抽出・無作為割り当てのイメージをまとめています。

第2章 統計手法を選ぶ上で知っておくべき用語

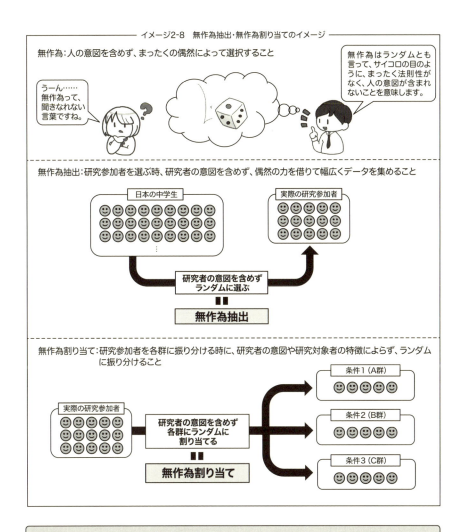

イメージ2-8 無作為抽出・無作為割り当てのイメージ

対応

統計研究では研究者の知りたい効果の影響がはっきりとわかるように、なるべく個人差の影響は少ないほうがいいと考えます。個人差の影響が少なくなる要因の1つに**対応**があります。対応とは**比較の対象が同じ特徴を持つこと**を指しますが、似た人を比較することで個人差の影響が少なくなるのです。対応には次の3種類のものがあります。

① 同じ研究参加者が繰り返し実験・調査を受ける場合。
② 同じ研究参加者が異なる複数の対象や条件について実験・調査を受ける場合。
③ 似たような特徴を持つ研究参加者をペアにして扱う場合。

　①は**同じ人が繰り返し実験や調査を受ける**場合です。比較の対象は同一人物なので、当然のことながら個人差を考慮する必要はありません。例えば、「心理療法実施の前後でストレスの程度（ストレス尺度得点）に違いがあるかどうかを知りたい」などの事前／事後の比較をする研究は同じ人が時間をおいて繰り返し調査を受けるので、そのデータは対応のあるデータになります。

　②は**同じ人が複数の対象や条件について実験や調査を受ける**場合です。例えば、「同じ研究参加者に両親に対する心理的距離を答えてもらい、親（父親／母親）によって心理的距離に違いがあるかどうかを調べる」という**同じ人が異なる対象に対する質問に答え、それを比較する研究**や、「同じ研究参加者に書き取りと読み聞かせを行い、教授法（書き取り／読み聞かせ）により国語の点数に違いがあるかどうかを調べる」などの**同じ人が異なる条件で実験を受けて、それを比較する研究**があります。

　③は**研究者の側であらかじめ似た特徴を持つ人をペアにする**ことで、個人差の影響を少なくしようというものです。例えば、「似たような成績の生徒をペアにして、書き取り群と読み聞かせ群に振り分け、その2群を比較することで教授法（書き取り／読み聞かせ）の違いにより国語の点数に違いがあるかどうかを知りたい」などの研究があります。

対応づけ

　対応の項の③で述べた、**研究者の側であらかじめ似た特徴を持つ人をペアにする手続きのことを対応づけ**と呼びます。対応づけをすることで**比較対象の個人差の影響を減らすことができ、結果として研究者が知りたい効果の影響が見やすくなります**。同じ人に繰り返し答えてもらう方法に比べ、実験や調査を1回しか行わないため、**繰り返しによる学習効果の影響を考慮しなくていい**一方、同一人物ではないので、**対応づけられる特徴は限られます**。そのため、対応づけに当たっては、**どのような特徴を対応づけるかが大事**になります。

　イメージ2-9に対応・対応づけのイメージをまとめています。

第2章 統計手法を選ぶ上で知っておくべき用語

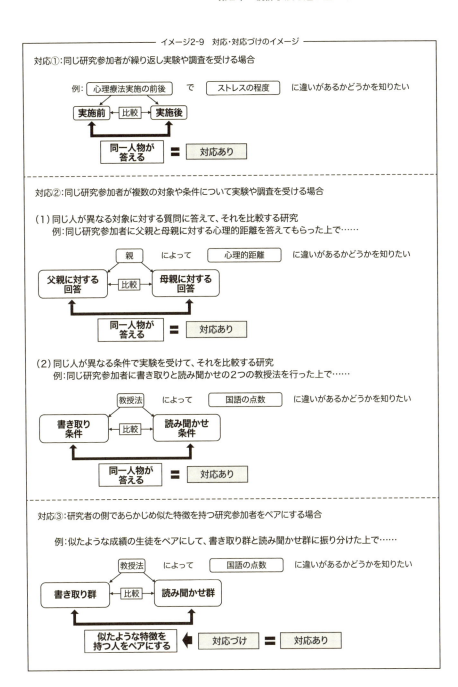

イメージ2-9　対応・対応づけのイメージ

第3章 尺度水準と代表値・散布度

3-1 尺度水準

　第2章では統計手法を選ぶ上で知っておくべき用語を紹介しましたが、統計手法を選ぶ上でもう1つ知っておくべきことに、**尺度水準**があります。尺度水準という言葉は知っている人もいると思いますが、この尺度水準は統計手法を選ぶ上で非常に大事な概念です。この尺度水準がわかれば統計手法の選択は8割方できたも同然というくらい大事ですので、1章を立てて説明します。

　尺度水準とは、一言で言えば、**分析を行う時に使うデータ**(☞26ページ)**の質**について表すものです。この尺度水準は次の**4つの尺度**で構成されています。

①名義尺度
②順序尺度
③間隔尺度
④比例尺度(比較尺度、比率尺度)

　各尺度水準の特徴と例については**イメージ3-1**を参照してください。

イメージ3-1　尺度水準の特徴と例

尺度水準	特徴	例
④比例尺度	値が順番に等間隔に並び、0が無を表す	物理量(速度、質量、長さ)など
③間隔尺度	値が順番に等間隔に並ぶが、0は任意	質問紙の得点、温度、西暦など
②順序尺度	値は順番に並ぶが、等間隔ではない	マラソンの順位、成績の順位など
①名義尺度	値は単なるラベル	背番号、学級、性別など

上位／下位

各尺度の特徴と例の詳細についてはこの章の後の節で説明します！

この図は各尺度水準の全体像や関係をまとめたものなので、本章を読んでいく中でこんがらがってきた時は、**イメージ3-1**で全体像を確認してください。

尺度水準間には優劣があり、④比例尺度＞③間隔尺度＞②順序尺度＞①名義尺度の順でできる操作が多くなっています。この尺度水準間の優劣についても後（☞「3-11　尺度水準の関係」：59ページ）で述べるので、今は、尺度水準はデータの質を表すもので、序列があるということを理解しておいてもらえればいいと思います。

3-2　代表値・散布度

各尺度水準はそれぞれに応じた**代表値**と**散布度**という値を計算することができます（**イメージ3-2**）。代表値と散布度のイメージをまとめたものを**イメージ3-3**に示します。

代表値とは、その**データ全体の特徴を最もよく表す値**のことです。データ全体の特徴を最もよく表す値については、「**一番多くのデータが当てはまる値**」という考え方と、「**データのど真ん中の値**」という考え方の2つがあります。

次に**散布度**は**データのバラつきや散らばり具合を表す値**のことです。データのバラつきとは、**代表値を中心として、各研究参加者のデータにどのくらいズレが見られるか**ということです。言い換えるなら誤差（☞34ページ）がどのくらいあるかを意味します。代表値が同じでも、全員が代表値に近い値を取っている（散布度が小さい）場合と、全員の値を総合すると代表値になるけれど実際にはそれぞれがバラバラの値を取っている（散布度が大きい）場合では、意味合いがまったく違ってきます。例え

――――― イメージ3-2　尺度水準と代表値・散布度 ―――――

尺度水準	代表値 （データの特徴を表す値）	散布度 （データのバラつき）
④比例尺度	—*	—*
③間隔尺度	平均値	分散
②順序尺度	中央値	四分位偏差
①名義尺度	最頻値	範囲（レンジ）

（左側に上位→下位を示す矢印）

＊本書では取り扱いません。

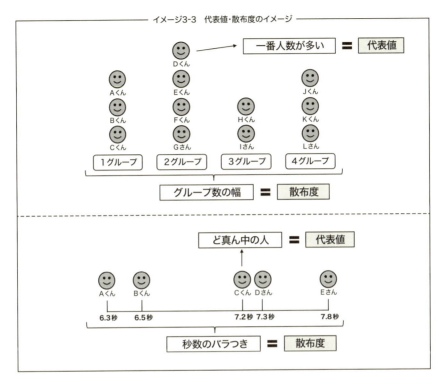

ば、テストの平均点が80点のクラスを考えてみましょう。みんなが80点近くを取っている (**散布度が小さい**) のであれば、そのクラスはみんな勉強がそこそこできる人たちであり、80点という点数はその**クラス全体の特徴をよく表している**と考えられます。しかし、平均すると80点だけど、100点の人もいれば30点の人もいる (**散布度が大きい**) という場合、勉強がすごくできる人もいればあまりできない人もいるというように誤差が大きいクラスであり、**代表値は一応クラス全体の特徴を表してはいますが、個人差が大きく、こういう人たちの集団だとはっきりとは言いづらいのです。**

代表値と散布度の説明をまとめると、次のようになります。

①代表値：データ全体の特徴を最もよく表す値 (含まれるデータが最も多い値、データのど真ん中の値)。
②散布度：データのバラつき、あるいは誤差を表す値。代表値からのズレで表される。

多くの場合、**データの特徴はこの代表値と散布度という2つの指標で示され**、これらがわかればある程度どんなデータなのかというデータの全体像を知ることができます。代表値や散布度の説明は複雑なところがありますし、統計手法の選択には直接関係ないので、統計手法の選択方法が知りたいだけという人は、代表値と散布度のところは読み飛ばしてもらってかまいません。ただ、第Ⅱ部でよく使われる統計手法を紹介する時に代表値と散布度は必要な知識になるので、ただ統計手法を選ぶだけではなく、もう少し詳しく各手法がどんなことをやっているのかを知りたいという積極的な人は、ぜひ知っておいてください。

3-3　名義尺度

尺度水準の中で最も下位に当たるのが**名義尺度**です。名義尺度では、割り当てられている値（☞26ページ）**は単なる分類のためのラベル**なので、**値自体に意味はありません**。名義尺度の例としては、**背番号**、**学級**、**性別**などを数値化したものが当てはまります。名義尺度の特徴をまとめると、次のようになります（**イメージ3-4**）。

①値は分類上のラベルとして与えられたもので、値の数字に意味はない。
②ラベルとしての値なので、値を入れ替えても問題はない。
③値はどんな数値でもかまわない。

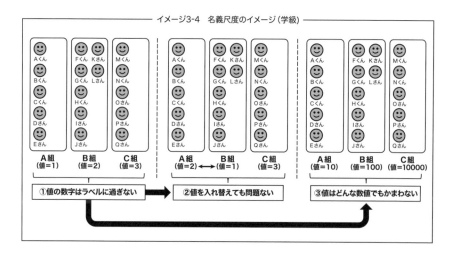

イメージ3-4　名義尺度のイメージ（学級）

例を用いて考えてみましょう。例えば、ある中学校でA組、B組、C組の3つのクラスがあったとしましょう。それぞれのクラスに数字を割り当てる場合、もちろん、A組に「1」を、B組に「2」を、C組に「3」を割り当てることができます。しかし、②にあるように、値を入れ替えても、さらには③のように全然関係のない値を割り当ててもかまいません。①にあるように、**値自体には意味がないので、名義尺度の場合は値にどんな数字を割り当てても問題ない**のです。ですから、**名義尺度かどうかを確かめるには、値の数字を入れ替えてみる**といいでしょう。もし数字を入れ替えてみても問題なければ、それは名義尺度です。そして、この名義尺度のデータ同士の比較では次のことができます（**イメージ3-5**）。

④データ同士の値が「等しい（＝）」か「等しくない（≠）」かを調べることができる。

イメージ3-5の例では、A組の生徒は「1」という値が、B組の生徒は「2」という値が、C組の生徒は「3」という値が割り当てられています。ここでDさんはA組なので値は「1」になります。EさんもA組なので値は「1」ですね。つまり、DさんとEさんは同じカテゴリー（同じクラス）に含まれることがわかります。Dさん（「1」）＝Eさん（「1」）となります。一方、JさんはB組なので値は「2」、QさんはC組なので値は「3」になります。つまり、JさんとQさんは違うカテゴリー（違うクラス）に含まれることがわかります。Jさん（「2」）≠Qさん（「3」）となります。

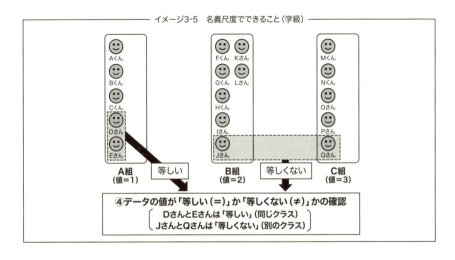

イメージ3-5　名義尺度でできること（学級）

このように、名義尺度ではデータ同士が同じカテゴリーに含まれる（等しい（＝））
か、別のカテゴリーに含まれる（等しくない（≠））かを調べることができるのです。

3-4　名義尺度の代表値と散布度

　名義尺度では、**データがある値（カテゴリー）に含まれるかどうか**を見ることができます。イメージ3-6で言えば、それぞれの生徒がそれぞれのクラスの値に当てはまるかどうかを見ることができるということですね。Aくんは「1（A組）」には当てはまるけれど、「2（B組）」「3（C組）」には当てはまらないという感じです。そして、**各値に当てはまるデータがいくつあるかを計算する**ことができます。イメージ3-6では、「1」という値に5人が当てはまります。「2」という値には7人が当てはまり、「3」という値には5人が当てはまることがわかります。

　ここで、名義尺度の場合、代表値と散布度は次のようになります。

①最頻値：当てはまるデータの数が最も多い値。
②範囲（レンジ）：最大値－最小値。

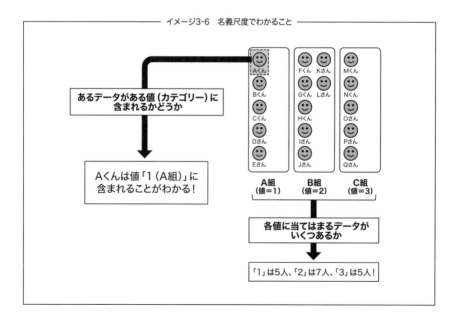

イメージ3-6　名義尺度でわかること

名義尺度の代表値である**最頻値**は、**当てはまるデータの数が最も多い値**のことを指します（**イメージ3-7**）。どの値（カテゴリー）に一番多くデータが含まれているかを見てみると、**イメージ3-7**の場合だと、3つのクラスで一番人数が多いのは7人が当てはまるB組ですね。値で言えば「2」になります。この人数が一番多い値である「2」が最頻値になります。ここで間違えやすいのは、人数である「7」という数字は最頻値ではないということです。あくまで、**一番データが多く含まれる値の数値が最頻値**になります。

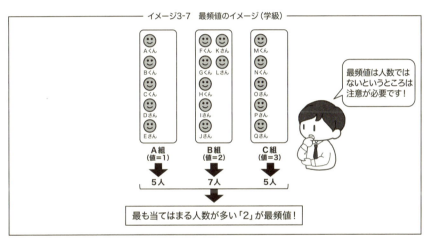

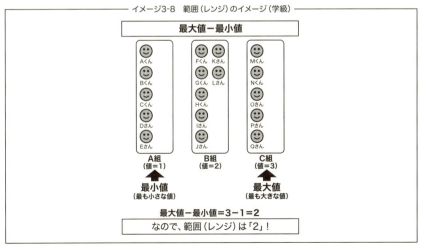

次に、**名義尺度の散布度**である**範囲（レンジ）**です（**イメージ3-8**）。データはA組が「1」、B組が「2」、C組が「3」という値を与えられています。この3つの値の中で最も大きな値（最大値）は「3」ですね。一方、最も小さな値（最小値）は「1」です。

範囲（レンジ）はデータの**最大値－最小値**なので、**イメージ3-8**の場合は3－1＝2になります。単純に一番大きな値から一番小さな値を引くだけで計算できます。

3-5　順序尺度

名義尺度の次にくるのが**順序尺度**です。順序尺度では**値に割り当てられている数字は順番を表しています**。順序尺度の例としては、**マラソンの順位**や**成績の順位**などがあります。これらの数字は順番を表すだけなので、「1」と「2」という値の間の間隔と「2」と「3」の値の間の間隔は等間隔である必要はありません。順序尺度の特徴をまとめると次のようになります（**イメージ3-9**）。

①値の順番に意味がある。そのため数字の順番を入れ替えることはできない。
②値の間の間隔は一定でなくてもよい。

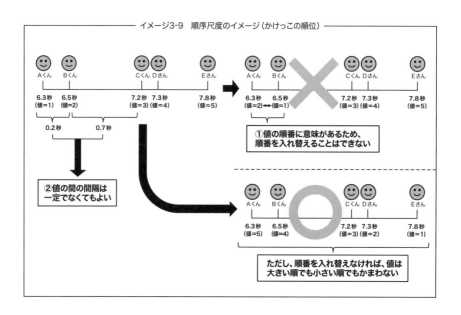

これも例を用いて説明してみましょう。5人がかけっこをしました。Aくんは6.3秒で1位、Bくんは6.5秒で2位、Cくんは7.2秒で3位、Dさんは7.3秒で4位、Eさんは7.8秒で5位であり、それぞれの順位に「1」から「5」までの値を割り当てたとしましょう。

名義尺度では値の数値自体には意味はなかったので、「1」と「2」を入れ替えても問題はありませんでした。しかし、順序尺度では①にあるように、**値が順番という意味を持っています**。つまり、「1」のAくんは一番足が速く、「2」のBくんは2番目に足が速く、「5」のEさんは一番足が遅いことを意味します。ですから、**一番足の速いAくんを「2」に、2番目に足の速いBくんを「1」にすることはできません**。一番足が速い人が「1」、一番足が遅い人が「5」でなければならないのです。ただし例外はあります。並び順さえ変えなければ、一番速い人から順に「5」「4」「3」「2」ときて、一番遅い人を「1」にすることはできます。大事なのは順番で、**順番さえ入れ替わらなければ、速いほうが大きな値でも小さな値でもかまいません**。

また、②にあるように**間隔は一定である必要はありません**。イメージ3-9の②の部分を見てください。1位のAくんのタイムと2位のBくんのタイムの間は0.2秒ですが、Bくんのタイムと3位のCくんのタイムの間は0.7秒になっています。**値としては同じ「1」の差であっても、その間のタイムの差は同じである必要はない**のです。

順序尺度のデータ同士の比較では、次のことができます（イメージ3-10）。

③ **データの値の大小関係（大きい（>）か、小さい（<）か）を比較できる。**

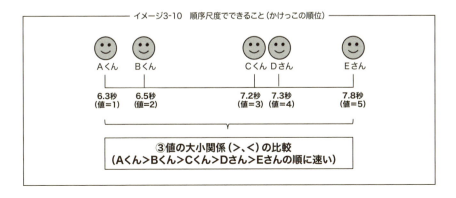

イメージ3-10　順序尺度でできること（かけっこの順位）

足が速い順に並んでいる時には、足の速さは「1」＞「2」＞「3」＞「4」＞「5」となり、**各データを比較して誰が速く、誰が遅いかを見ることができます**。もちろん、同じタイム（＝）を含む場合もありますが……。

順序尺度の見分け方としては、**順番を持つ文字**（例えば、上／中／下や甲／乙／丙、優／良／可／不可など）**に置き換えてみる**といいでしょう。**置き換えることが可能であれば、そのデータは順序尺度**と言えます。

3-6　順序尺度の代表値と散布度

順序尺度の代表値は中央値と言います。中央値は、データの数が①奇数の場合と②偶数の場合で計算の仕方が異なります。また、**順序尺度の散布度は③四分位偏差**が使われます。

順序尺度の代表値と散布度をまとめると次のようになります。

① データの数が奇数の場合の中央値：データを順番に並べて、真ん中にくるデータの値。
② データの数が偶数の場合の中央値：データを順番に並べて、真ん中にくる2つの値の平均値。
③ 四分位偏差：データを左から小さい順に並べて、（3/4の点に位置する値）－（1/4の点に位置する値）÷2をした値。

順序尺度の特徴の1つに、値の順番には意味があるというものがありました。これは、**値を順番に並べることができる**ことを意味します。ところで、代表値とは「含まれるデータが最も多い値」か「データのど真ん中の値」のどちらかでしたね。順序尺度の代表値である中央値は**「データのど真ん中の値」**のほうを採用します。つまり、中央値とは**データを順番に並べた時にど真ん中にくる値**のことなのです（イメージ3-11）。

さてここで、データの数が**奇数の場合は、真ん中の値は1つに決まります**（イメージ3-11：データの数が奇数の場合）。しかし、データの数が**偶数の場合**は、真ん中の値の候補が2つ出てきます。この場合は、**2つの値の平均値**（2つの値を足して、2で割った値）**が中央値**になります（イメージ3-11：データの数が偶数の場合）。

第3章 尺度水準と代表値・散布度

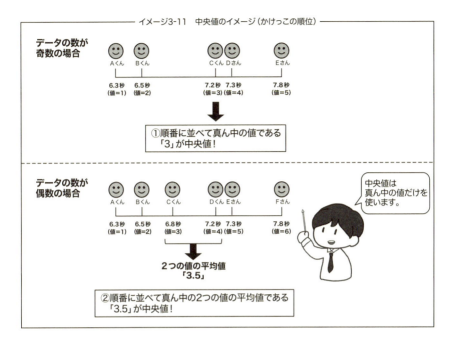

次に、**順序尺度の散布度**である**四分位偏差**ですが、これは少しややこしい計算が必要です（イメージ3-12）。統計手法の選択には直接は関わらないので、難しいと感じたら読み飛ばしてもらっても結構です。四分位偏差の計算の手続きとしては、まず**データを左から小さい順に並べます**。そして、**小さいほうから1/4の点に位置する値と小さいほうから3/4の点に位置する値**（大きいほうから見ると1/4の点に位置する値）を探します。ちなみに、1/4の点に位置する値は最小値と中央値の真ん中の値になり、3/4の点に位置する値は最大値と中央値の真ん中の値になります。1/4の点の値と3/4の点の値が見つかったら、**3/4の点の値から1/4の点の値を引いて、2で割った値が四分位偏差**になります。

これは、全データの中で小さいほうから1/4のデータと大きいほうから1/4のデータを切り捨てた上で、残ったデータのちょうど真ん中の値を出したものになります。このように端っこのデータを切り捨てるという特徴から、**四分位偏差はデータの中に極端に大きな値や極端に小さな値が含まれていてもその影響を受けにくい**というメリットを持っており、データを歪めるような極端な値が含まれている場合には適切な指標であると考えられます。

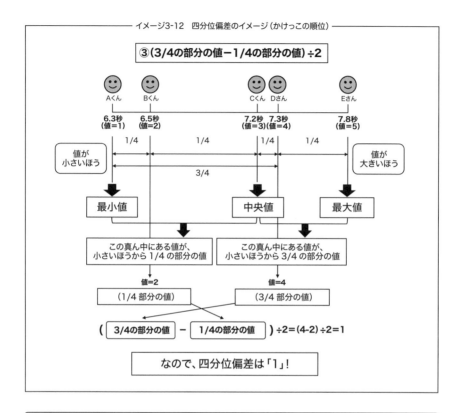

イメージ3-12 四分位偏差のイメージ(かけっこの順位)

3-7 間隔尺度

　次は**間隔尺度**です。間隔尺度は、**値に割り当てられている数字が等間隔の順番を表すもの**です。順序尺度との違いは、1つは値が等間隔に並んでいるかどうかという点ですね。そしてもう1つの特徴は、**0の値を任意に決められる**ことです。これは別の見方をすれば**0の値が絶対ゼロ点を意味しない**（0より小さい、－の値を取れる）とも言えます。間隔尺度の例には心理学で使う**質問紙の得点や温度、西暦**などがあります。間隔尺度の特徴を整理すると次のようになります（イメージ3-13）。

①値の数字の順番に意味がある（値の順番を入れ替えられない）。
②値の間隔は等間隔。
③0の値は任意に決められる。また－の値を取ることができる。

第3章　尺度水準と代表値・散布度

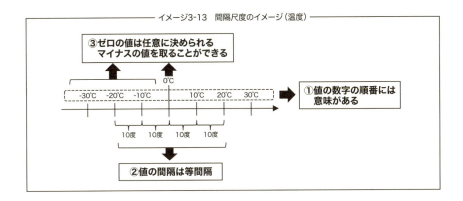

イメージ3-13　間隔尺度のイメージ（温度）

　摂氏の温度を例に取って、間隔尺度について見ていきましょう。①は順序尺度と同じです。つまり、値の順番を勝手に入れ替えることはできません。10℃を勝手に20℃にはできません。なぜなら、10℃という値自体に意味があるからです。
　次に②ですが、**10度の温度差はどこの温度の間の10度の差でも同じ10度の差です**（等間隔）。0～10℃の間の10度も、10～20℃の間の10度も同じ10度なのです。
　ただし、③にあるように、基準となる0℃は水が凍り始める温度を勝手に0℃と決めているだけで、**0℃は絶対的な値ではなく、温度がまったくない状態を意味するわけではありません**。本当に温度がない状態（これを絶対零度と呼びます）は摂氏の温度では-273.15℃です。このように、間隔尺度では**基準となる0の値は任意的であり自由に決めることが可能**です。また、0という値が絶対ゼロ点（「無」や「始点」を意味する）ではないため、0未満の値、つまり－の値を取ることも可能です。温度で言えば、水が凍り始める温度を0℃と（勝手に）決めて、＋の値が温度、－の値が氷点下としています。
　間隔尺度のデータ同士の比較においてできるのは次のことです（**イメージ3-14**）。

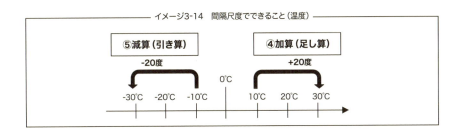

イメージ3-14　間隔尺度でできること（温度）

53

データの値の④加算（足す）、⑤減算（引く）ができる。

　間隔尺度は値が等間隔に並んでいるので、**データの値を足したり引いたりできます**。例えば、10℃に20度を加えると30℃になります。逆に、-10℃から20度を引くと、-30℃となります。また、**データ同士の加算、減算も可能です**。この特徴からよく統計で利用される平均値という指標が使えるようになるため、名義尺度や順序尺度に比べてかなり使い勝手がよく、**心理学では一番よく用いられる尺度水準**と言えます。

　間隔尺度かどうかを見分ける方法には、②の値同士の間隔が等間隔なのを確かめるとともに、③にあるように**「基準となる値をずらせるかどうか（1・2・3→0・1・2、-1・0・1など）」や「-の値を取り得るかどうか」を考えてみる**といいでしょう。値をずらせたり、-の値が取れるのであれば、それは間隔尺度と言えます。

3-8　間隔尺度の代表値と散布度

　間隔尺度の代表値は平均値です。また、**間隔尺度の散布度**はいくつかありますが、**分散**という指標がよく用いられるので、ここでは分散について紹介したいと思います。

① 平均値：全データの値を足し合わせたものをデータの個数で割ったもの。
② 分散：各データの値から平均値を引いたものを2乗し、全データ分を足し合わせた上で、データの個数で割ったもの（各データの平均値からのズレの距離の平均値）。

　平均値は日常生活でもよく使われる指標なので、みなさんもなじみ深いかもしれません。順序尺度の代表値である中央値と間隔尺度の代表値である平均値との大きな違いは、**中央値はど真ん中に位置する**たった1つのデータの値から計算されるのに対して、**平均値はすべてのデータの値をもとにど真ん中の値を計算する**ものだということです。その分、中央値に比べて、すべてのデータの値を考慮したより**正確**など真ん中を見つけることができます。しかし一方で、全データの影響を受けるので、**極端な**値を取るデータがある場合は**結果が歪んでしまう**危険性があります。

　平均値の計算は、**全データの値を足し合わせて、それをデータの個数で割ったもの**になります（イメージ3-15）。これはいったん**全員分の値を全部集めてきて、それ**

を平等に分けた時の1人当たりの分け前(1人当たりの値)と言えます。

次に**分散**ですが、各データの値から平均値を引いたものを2乗し、全データ分を足し合わせた上で、データの個数で割ったものです(イメージ3-16)。書くだけで大変なくらい複雑な計算をしているように見えますね。1つずつ見てみましょう。

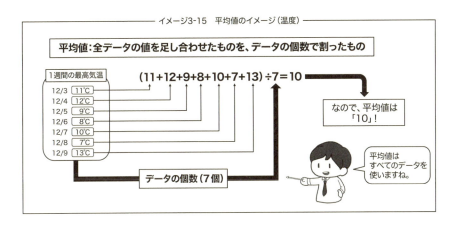

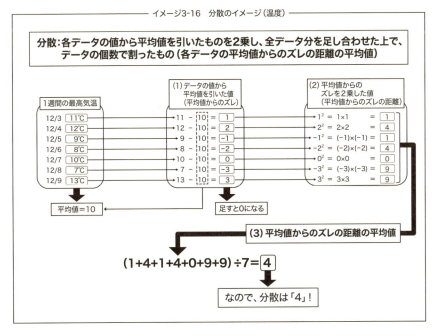

まず(1)各データの値から平均値を引いたものを計算しています。これは各データが平均値からどのくらいズレているのかを計算したものです。**データが平均値よりも大きければ＋の値、小さければ－の値を取ります**。次に(2)の2乗の部分はちょっと置いておいて、(3)全データ分の平均値からのズレを足した上で、データの個数で割ります。これは平均値の計算ですね。つまり、分散で見たいのは「**データの平均値からのズレ**」の平均値と言えます。

ここで1つ問題があります。(1)と(3)だけでは＋の値と－の値が相殺し合うため、データの平均値からのズレをすべて足すと必ず0になり、「データの平均値からのズレ」の平均値も0になってしまいます。どんなデータも0になっては意味がありません。そこで、(2)**データの平均値からのズレを2乗する**という手続きを取ります。2乗するとすべての値は＋になるので、足し合わせても相殺されません。この2乗した値は**データの平均値からのズレの距離**を表しています。どうズレていても、距離は＋の値ですよね。この各データの平均値からのズレの距離を平均したもの、つまり「**データの平均値からのズレの距離**」の平均値が分散なのです。これはデータ1つ当たりの「平均値からのズレの距離」とも言えます。

3-9　比例尺度

最後の尺度水準は**比例尺度**です。**比較尺度**や**比率尺度**とも呼ばれます。比例尺度と間隔尺度の違いは**0の値が絶対ゼロ点を意味すること、つまり0が絶対的な値であり無や始まりの起点を意味する**ことです。比例尺度の例には**速度**や**質量**、**長さ**などの物理量が当てはまります（イメージ3-17）。

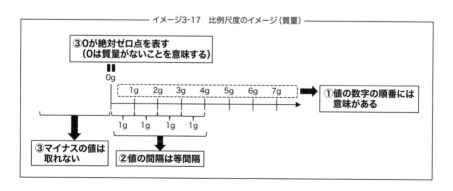

イメージ3-17　比例尺度のイメージ（質量）

比例尺度の特徴は次のようになります。

①値の数字の順番に意味がある(値の順番を入れ替えられない)。
②値の間隔は等間隔。
③0の値は絶対ゼロ点(無や起点)を表し、-の値は取れない。

では、質量を例に取って比例尺度について見てみましょう。①値を入れ替えることができないこと、②どこの質量の差を取っても1gは同じ1gであることは間隔尺度と同じです。違うのは③です。

質量が0というのは、重さがないことを意味します。ですから、0という値を研究者が勝手に決めることはできません。**0という値自体が「無」という絶対的な意味を持つ**のです。そして、0が無や始まりなどの絶対ゼロ点を示すということは、それよりも小さな値、つまり**-の値は取ることができない**ことを意味します。質量が-100gのものなどあり得ないのです。

また、比例尺度ではデータ間の比較について次のことができます(イメージ3-18)。

データの値の④乗算(掛ける)、⑤除算(割る)ができる。

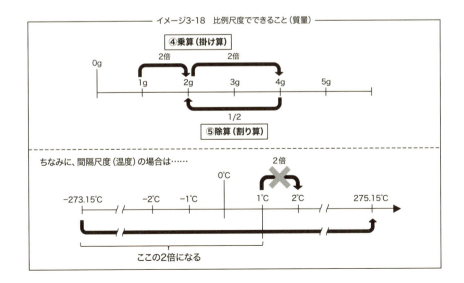

イメージ3-18 比例尺度でできること(質量)

比例尺度は0が絶対的な値を示すので、**0を基準として値を掛けたり、割ったりすることができます**。例えば、質量を考えると、1gの2倍は2g、2gの2倍は4gになりますよね。逆に、4gの1/2は2gとなります。これに対して、間隔尺度である摂氏の温度の場合には、1℃の2倍は2℃にはなりません。なぜなら、0℃は温度がないことを意味するわけではなく、温度がないことを意味する絶対零度は-273.15℃だからです。温度の絶対的基準である絶対零度をもとにすると、0℃の前には273.15℃があるので、1℃の2倍は1℃×2=2℃ではなく1℃×2 + 273.15℃ = 275.15℃となるのです。このように、温度に乗算（掛け算）や除算（割り算）を行う場合はその基準が絶対零度になるため、摂氏の温度でそのまま計算した値とはズレてしまうのです。比例尺度に関してはわかりにくければ聞き流してもいいですが、**比例尺度は値の掛け算や割り算ができる**という点を覚えておいてください。

比例尺度の見分け方としては、値をずらすことができない上に、さらに－の値が取れなければ比例尺度と言えるでしょう。

3-10　比例尺度の代表値と散布度

最後に比例尺度の代表値と散布度ですが、実は心理学の研究で利用されることは多くありません。その理由としては、**心理的な現象は比例尺度に乗りにくいことが**挙げられます。例えば、知能検査でIQが0だったとしても、知能がまったくないというわけではありません。また、「気分が落ち込むことがある」という質問に「まったくない」と答えたとしても、その人に落ち込むという面がまったく存在しないというわけではありません。**心は物理量とは異なり、0が絶対的な無を示すということはあまり多くはない**のです。もちろん、物理量を使う実験などは比例尺度を用いますが。

このような理由から、たとえ比例尺度のデータを用いる場合でも、間隔尺度の代表値や散布度である平均値や分散を用いて計算することが多いです。ですから、ここでは詳しい説明は省略したいと思います。興味がある人は、ご自身で調べてみてください。そこまで興味が持てるようになったら、もう統計嫌いを脱却です。

ここまで見てきたように、**心理学の研究では名義尺度のデータか間隔尺度のデータを扱うことが多い**です。特に間隔尺度は使える統計手法がかなり多くあるので、最もよく用いられる尺度水準と言えます。

3-11　尺度水準の関係

「3-1　尺度水準」(☞41ページ)で尺度水準には**比例尺度＞間隔尺度＞順序尺度＞名義尺度**という序列があることに触れました。ここで、尺度水準間の序列について、もう少し見ていきたいと思います(**イメージ3-19**)。

これまで各尺度水準でできることや代表値、散布度を紹介してきました。実は、**上位にある尺度は下位の尺度でできることはすべてできますし、下位の尺度の代表値や散布度も利用することができます**。これが尺度水準に序列があるという意味です。

つまり、名義尺度は等しいか否か(=、≠)の判別ができるだけなのに対し、順序尺度は等しいか否か(=、≠)の判別に加えて、大小関係(＞、＜)の判別もできます。間隔尺度は等しいか否か(=、≠)の判別、大小関係(＞、＜)の判別に加え、値の加算(＋)、減算(−)ができます。そして、比例尺度は等しいか否か(=、≠)の判別、大小関係(＞、＜)の判別、値の加算・減算(＋、−)に加えて、値の乗算(×)と除算(÷)もできるようになります。

また、代表値や散布度についても同様です。名義尺度の代表値は最頻値ですが、

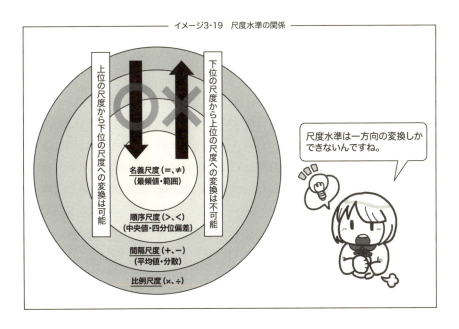

イメージ3-19　尺度水準の関係

順序尺度では最頻値と中央値が使えます。間隔尺度では最頻値、中央値に加えて平均値が利用できるようになります。散布度の場合、名義尺度は範囲ですが、順序尺度では範囲と四分位偏差が、間隔尺度では範囲と四分位偏差、分散が利用できるようになります。このように**上位の尺度水準になるほど、できることや使える指標が増えていく**のです。

さらに、**上位の尺度水準は下位の尺度水準に変換することもできます**（イメージ3-20）。例えば、間隔尺度である英語の得点を、平均値より高い得点のデータを高群、平均値より低い得点のデータを低群に分類することで、名義尺度のデータに変換することができます。あるいは、同様に間隔尺度である英語の得点を英語の成績（優／良／可／不可）という順序尺度のデータに変換することもできます。もちろん、英語の成績の優・良・可を合格、不可を不合格と分類することで、順序尺度を名義尺度に変換することもできます。

一方で、**下位の尺度水準を上位の尺度水準に変換することはできません**。名義尺度のデータを順序尺度のデータや間隔尺度、比例尺度のデータに変換することはできませんし、順序尺度のデータを間隔尺度や比例尺度のデータに変換することはできません。**尺度水準の変換はあくまで上位のものから下位のものへの一方通行**なのです。

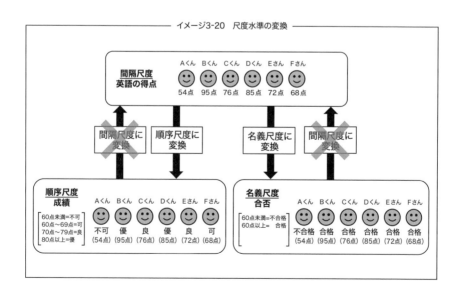

イメージ3-20　尺度水準の変換

Column 2
分散と標準偏差

「3-8　間隔尺度の代表値と散布度」（☞54ページ）のところで、**間隔尺度の散布度**として**分散**を紹介しました。分散はいろいろな統計手法で用いられる散布度の指標ですが、もう1つ、間隔尺度の散布度としてよく用いられる指標に「**標準偏差**」があります。*SD*（standard deviation）と略されたりもします。このコラムでは標準偏差と分散の関係について紹介したいと思います。

分散は、「**各データの値から平均値を引いたものを2乗し、全データ分を足し合わせた上で、データの個数で割ったもの**」で、「**各データの平均値からのズレの距離を平均したもの**」でした。簡単に言えば、「**データ1個当たりの平均値からのズレの大きさ**」と言えます。

ここで注意する必要があるのは、分散は各データの値から平均値を引いたものを「**2乗**」し、全データ分を足し合わせた上で、データの個数で割ったものであることです。計算の途中に2乗という操作を行っていますね。これは、各データの値から平均値を引いたものは、＋の値を取るものと－の値を取るものがあり、全部足し合わせると相殺されて0になるため、すべての値を＋の値に変換するために行われました。けれども、値を2乗するという操作は、「単位を変えてしまう」という問題をはらみます。どういうことかというと、もともとのあるデータから平均値を引いた値が**10「cm」**だったとしましょう。ところが、これを2乗すると、**データの単位も2乗されて、値は100「cm^2」**になってしまいます。これでは分散を計算しても、ズレの大きさはもとのデータの単位（cm）とは異なる単位（cm^2）で表されるため、もとのデータの単位で言えばどれくらいの大きさなのかをイメージしづらいところがあります。

そこで**分散の値に2乗と反対の操作（√を取るという操作）を行うこと**で、もとのデータと同じ単位に戻した値が「**標準偏差**」となります。いうなれば、分散の計算の過程でもとのデータの単位である「cm」が「cm^2」になったので、もう一度「cm」という単位に直して計算した値が標準偏差です。こうすることでズレの大きさがどのくらいなのかをもとのデータと比較することができ、イメー

ジがしやすくなります。

　このように、分散よりも標準偏差のほうがもとのデータの単位に修正されているため、どの程度の大きさかをイメージしやすく、扱いやすい散布度と言えます。みなさんもぜひ、間隔尺度の散布度の指標では、標準偏差を活用してください。

Column 3
心理現象は順序尺度？ 間隔尺度？

　間隔尺度について紹介したページで、間隔尺度は使い勝手がいいので、心理学でよく用いられるということを書きました（☞54ページ）。心理学の調査では、「非常に当てはまる」「まあまあ当てはまる」「どちらでもない」「あまり当てはまらない」「まったく当てはまらない」の5件法で答えるような質問紙がよく利用されます。このような質問紙は**統計分析の中では間隔尺度として分析がなされる**のですが、実はこの点に心理学のウソが含まれています。

　このような5件法などで示される質問紙の得点は**本来は順序尺度**です。なぜなら、「非常に当てはまる」と「まあまあ当てはまる」の間の心理的な距離と、「まあまあ当てはまる」と「どちらでもない」の間の心理的な距離が同じとは言えないからです。間隔尺度の特徴の②にある「値の間隔は等間隔である」という条件を満たせていないため、**本当は順序尺度として扱われるべき**なのです。

　しかし、先ほど書いたように、実際には間隔尺度と見なされます。どうして本来は順序尺度であるものを間隔尺度として扱うのでしょうか？　それは、間隔尺度でできることとして挙げた**「データ同士の値の加算（足す）、減算（引く）ができる」という特徴が、大変使い勝手がいい**からです。間隔尺度では、平均値や分散、標準偏差という指標を利用することができます。この平均値や分散という指標を利用できることで使える統計手法が大幅に広がるため、**間隔尺度として分析することで順序尺度ではわからない多くのことを知ることができます**。そのメリットが大きいため、本当は等間隔ではない質問紙の得点を等間隔であると見なし、間隔尺度として扱うことが多いのです。

　とはいえ、何でもかんでも間隔尺度と見なしていいとするのではなく、なるべく値の間隔を等間隔にするように努力するほうが、研究者としては真摯な態度と言えます。例えば、質問紙で用いられる程度や頻度を表現する形容詞の心理的距離を調べた研究があります[注2]。このような研究を参考に、それぞれの値が等間隔になるように表現を選んでいくといいでしょう。

注2）　織田揮準（1970）日本語の程度量表現用語に関する研究. 教育心理学研究, 18(3), 166-176.

第4章 統計手法を選択するための視点

4-1 統計手法選択フローチャート

　ではいよいよ実際に、統計手法の選び方について見ていきましょう。とはいえ、いきなり「自分の研究に必要な統計手法を選びなさい」と言われても、たくさんある統計手法の中のどれが自分の行う研究に合っているのかよくわからないという人もいるでしょう。また、そもそもどういう統計手法があるのか、それぞれの統計手法の何が違うのかわからないという人もいるのではないかと思います。

　そこで「統計手法を選べと言われてもどこから手を付けたらいいかわからない」という人のために、**統計手法選択フローチャート**を作ってみました（**イメージ4-1**）。流れ図にある質問に答えていくと自分の研究に必要な統計手法のところに行きつくようになっています。この流れ図は、大きく分けて次の6つの視点から統計手法を選択していくものとなっています。

①目的は何か？（関係／違い）
②関係の種類は何か？（相関関係／因果関係）
③変数の尺度水準は何か？（名義尺度／順序尺度／間隔尺度／比例尺度）
④条件数はいくつか？（2条件／3条件以上／2条件以上）
⑤対応はあるかないか？（対応あり／対応なし／一部対応あり）
⑥等分散の検定の結果、等分散か分散不等か？（等分散／分散不等）

　この6つの視点の中で②は関係を見たい場合に、④と⑤は違いを見たい場合に、⑥は対応のないt検定の場合に選択するものなので、すべてに共通するのは①と③の2つです。

　統計手法を選ぶのにたった6つの点を考えるだけでいいと思うと、少し気が楽になりませんか？　第4章ではこの6つの視点を説明することで、フローチャートを使ってみなさんが自分で統計手法を選べるようになることを目指します。

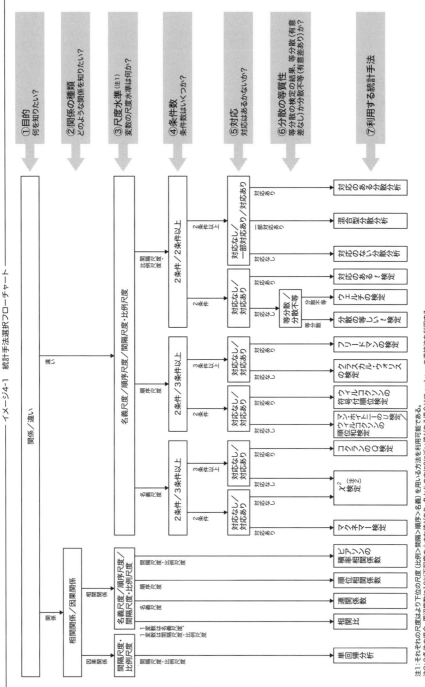

4-2　①目的（関係）

　統計手法を選択する上での第1の視点は、研究で**何が知りたいかという目的**の部分です。統計手法を選ぶためには、自分が何を知りたいのかをきちんと知っておく必要があります。なぜなら、**何を知りたいかによって用いる統計手法が異なる**からです。目的がはっきりしないまま統計手法を聞きに行っても、用いるべき統計手法を選択することはできず、頼られた人はお手上げなのです。何度も繰り返しますが、**「まず目的が大事」**ということをしっかり覚えておいてください。

　では、自分が知りたいことについて、どのように確かめたらいいのでしょうか？統計によって何がわかるのかについて知っていると、どのような点から目的を考えたらいいかがわかりやすいと思うので、まず統計を利用することでわかることをお伝えします。統計手法を用いることで、主に次の2つのことを知ることができます。

①ある変数と別の変数の間に（直線）関係があるかどうか／関係の強さ。
②いくつかの条件の間で、ある変数の値に違いがあるかどうか。

　①は、**ある変数**（☞27ページ）**と別の変数の間に関係があるかどうか、関係があるのならその強さはどのくらいかを知る**ことです。これは2つの変数間の関係を知ることとも言えます（イメージ4-2）。この場合の関係とは**直線関係**を指しています。直線関係には、**一方の得点が高くなればもう一方の得点も高くなる**という正の関係と、**一方の得点が高くなればもう一方の得点は低くなる**という負の関係があります。**正の関係はグラフで表すと、データの並びが右上がりの直線**に近い形になり、**負の関係はグラフで表すと、データの並びが右下がりの直線**に近い形になります。いずれも関係が強いと直線に近い形になるため、直線関係と呼びます。

　関係を見る研究の例としては、「勉強時間と成績の関係を知りたい」という研究や「運動時間と体重の関係を知りたい」という研究があります（イメージ4-3）。「勉強時間」と「成績」、あるいは「運動時間」と「体重」という2つの変数の間にどのような関係があるのかを知りたい時には、フローチャートの「関係」と書かれているほうに進んでください。ちなみに、この例では勉強時間と成績の関係は正の関係に、運動時間と体重は負の関係になることが予想されます。

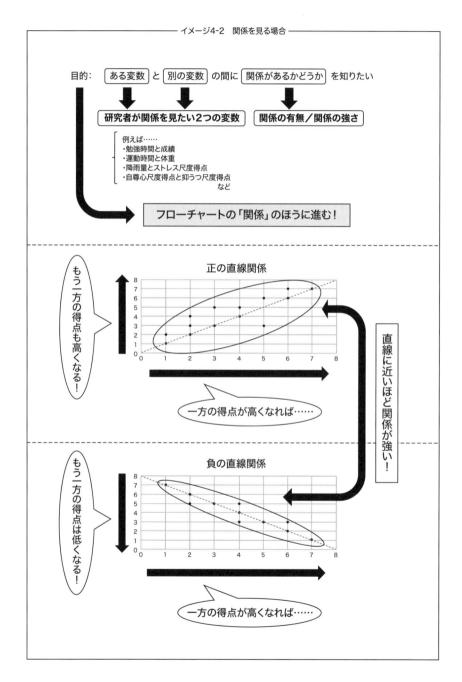

第4章　統計手法を選択するための視点

イメージ4-3　関係を見る場合の例

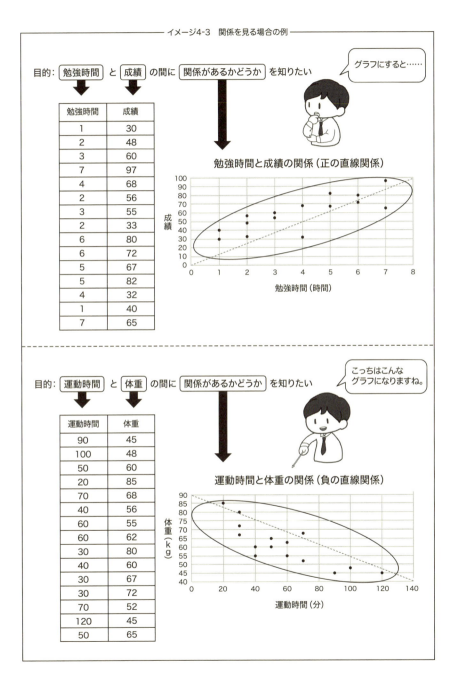

4-3　①目的（違い）

　もう1つの研究目的は、**いくつかの条件**（☞28ページ）の得点や人数に違いがあるかどうかを知ることです（イメージ4-4）。ここで出てくる**独立変数**（☞31ページ）や**従属変数**（☞31ページ）などの用語は第2章を見てください。

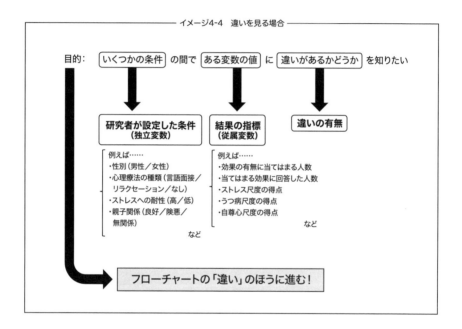

イメージ4-4　違いを見る場合

　違いを見ることを目的とした研究の例としては、心理療法の実施の有無（行う群／行わない群の2水準）でストレス尺度得点に違いがあるかどうかを調べる研究や、性別（男性／女性の2水準）と心理療法の実施の有無（行う群／行わない群の2水準）を組み合わせて（2水準×2水準＝4条件、つまり、男性で行う群／女性で行う群／男性で行わない群／女性で行わない群の4条件）、各条件の間で抑うつ尺度得点に違いがあるかどうかを調べる研究などが考えられます（イメージ4-5）。

　条件の組み合わせや結果を調べる尺度に何を用いるかは、その研究者が何を知りたいかによって異なります。自分の研究の目的を考えてみて、2つの変数の間の関係を知りたい場合はフローチャートの「関係」のほうに、複数の条件の間の違いが知りたいならば「違い」のほうに進んでください。

第4章　統計手法を選択するための視点

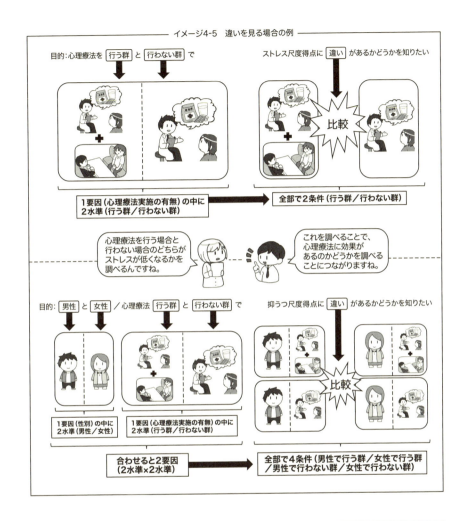

イメージ4-5　違いを見る場合の例

4-4　②関係の種類（相関関係）

　では、第2の視点に進みましょう。関係について知りたい場合、次に考えなければならないことは、**どのような関係を知りたいか**です。もしみなさんが違いを見たい場合にはこの部分は関係ないので、飛ばしてもらってかまいません。「4-6　③尺度水準」（☞76ページ）に進んでください。

　さて、関係には2種類のものがあります。**相関関係**と**因果関係**です。

71

① 相関関係：2つの変数の関係を知りたいが、原因と結果（因果関係）がはっきりしない場合に選択。双方向の関係で、どちらかが変化すればもう一方も変化する。
② 因果関係：原因となる変数が結果となる変数に及ぼす影響について知りたい場合や、原因となる値から結果となる値を予測したい場合に選択。一方向の関係。

　相関関係は2つの変数のどちらが原因でどちらが結果かがわからない時に用いられます（**イメージ4-6**）。「どちらが原因でどちらが結果かはわからないけど、とりあえずお互いに関係がある」という感じです。例えば、子どもの「身長」と「体重」、「自尊心」と「抑うつ気分」がこれに当てはまります（**イメージ4-7**）。子どもの「身長」と「体重」はどちらか一方が原因というわけではなく、**同時に変化**します。「自尊心」と「抑うつ気分」は関連がありますが、「自尊心が低いから抑うつ的になる」という考え方もあれば、「抑うつ的な状態で何をやってもうまくいかないから自尊心が低下する」という考え方もあり、**どちらも原因となる可能性**があります。このような因果関係がはっきりしない場合には、相関関係を見るといいでしょう。これは逆に言えば、**相関を見てもどちらが原因でどちらが結果かはわからないことも意味します**。この点については、次の「4-5　②関係の種類（因果関係）」で触れたいと思います。

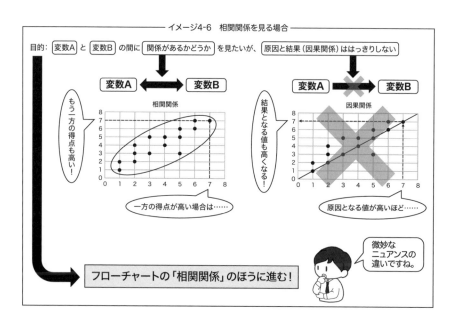

イメージ4-6　相関関係を見る場合

第4章 統計手法を選択するための視点

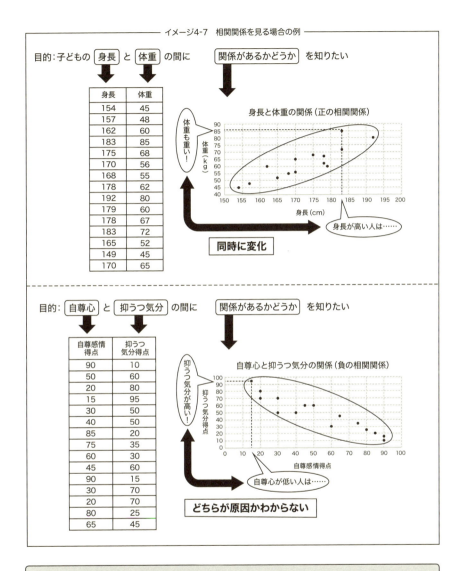

イメージ4-7 相関関係を見る場合の例

4-5 ②関係の種類（因果関係）

　相関関係が原因と結果がはっきりしない場合に用いられるのに対し、**因果関係**は**どちらが原因でどちらが結果かが明らか**な場合に選ばれます（イメージ4-8）。相関関係と比べると、因果関係は**原因となる変数が結果となる変数に与える影響**という、

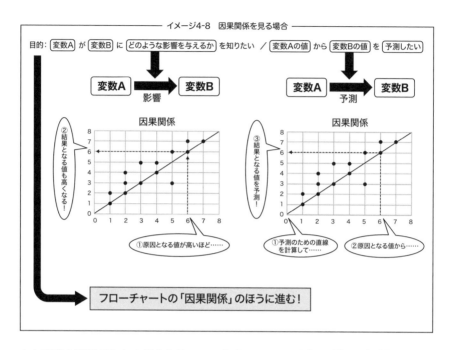

より明確な関係がわかる利点を持っています。さらに、原因と結果の関係がわかるということは、**原因となる変数の値がわかれば、どのような結果になるかという予測ができる**ことも意味します。この予測ができるという点で、因果関係は相関関係よりも優れていると言えます。因果関係の例では、「1日のカロリー摂取量」と「体重」、「気温」と「アイスの売り上げ」などが考えられます（**イメージ4-9**）。

　ここで、**相関関係を見る場合は原因と結果を特定できない**という点は注意が必要です。相関関係でわかるのは「**どちらが原因かはわからないが、Aが高い場合はBも高く、Aが低い場合はBも低い**」（A↔B）という関係です。「Aが高くなると（Aの変化が原因で）Bも高くなる」とか、「Aが低くなるとBも低くなる」とは言えません。「Aが〜の場合、Bは…である」はあくまで状態を表すだけの言い方ですが、「Aが〜になるとBは…になる」や「Aが〜であるほどBは…になる」という言い方はAが原因でBが結果（Aの変化がBの変化をもたらす、A→B）という**因果関係について述べている**ことになります。相関関係を見ているにもかかわらず、「Aの変化によって、Bも変化する」とか「AがBに影響を及ぼす」という言い方をしてしまうと、それは拡大解釈になります。ちょっとした言葉の違いですが、まったく意味が違うのです。

第4章 統計手法を選択するための視点

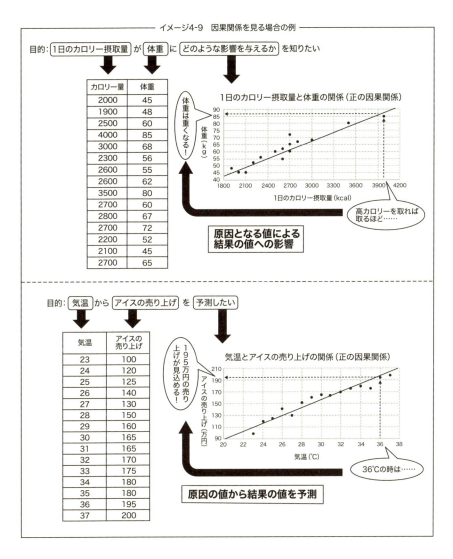

イメージ4-9 因果関係を見る場合の例

　因果関係かどうかを確かめるには、**原因部分と結果部分を入れ替える**といいでしょう。**原因と結果を入れ替えても成り立てば相関関係であり、成り立たなければ因果関係**になります。「1日のカロリー摂取量が高くなる（原因）と体重も重くなる（結果）」は成り立ちますが、「体重が重くなる（原因）と1日のカロリー摂取量が高くなる（結果）」は、時系列的に成り立ちません。こんな場合は因果関係にあると言えます。

4-6　③尺度水準

　第3の視点として考えなければならないのが**尺度水準**です。尺度水準の詳しい説明は第3章で行ったので省略しますが、**尺度水準とはデータ**(☞26ページ)**の質を表す**もので、①名義尺度、②順序尺度、③間隔尺度、④比例尺度の4つがありましたね。自分が取ったデータの尺度水準が何かを知っておくことは統計手法を選択する上で非常に重要なので、第3章についてはしっかりと理解しておいてください。

　さて、適切な統計手法を選ぶために変数の尺度水準を見ていくわけですが、**関係を見たい場合と違いを見たい場合とで尺度水準を確かめる必要がある変数が異なります**。それぞれ、次の部分の尺度水準について確かめることになります。

①関係を見たい場合：関係を見ようとしている2つの変数について尺度水準が何かを確かめる。
②違いを見たい場合：従属変数(結果を表す変数)の尺度水準が何かを確かめる。

　関係を見たい場合には、**関係を見たい2つの変数の両方の尺度水準**が何かを考えます(イメージ4-10)。これは**相関関係であっても、因果関係であっても同じ**です。
　例えば、「子どもの身長と体重の関係(相関関係)を知りたい」という目的の場合、「身長」と「体重」の両変数の尺度水準が何かを考える必要があります。また、「1日のカロリー摂取量が体重に与える影響(因果関係)を知りたい」という目的の場合も、「1日のカロリー摂取量」と「体重」という原因、結果の両変数の尺度水準が何かを考える必要があります。
　一方、**違いを見たい場合**には、結果について表している**従属変数の尺度水準**が何かを確かめることになります(イメージ4-11)。研究者が設定する**独立変数の尺度水準は関係ない**ので、間違えないようにしてください。
　例えば、「心理療法を行う群と行わない群でストレス尺度得点に違いがあるかどうか」を調べたい場合には、確かめる必要があるのは従属変数、つまり「ストレス尺度得点」の尺度水準が何かという点になります。独立変数である「心理療法の実施の有無」は名義尺度になりますが、これはここでの尺度水準の確認とは関係がありません。

第4章 統計手法を選択するための視点

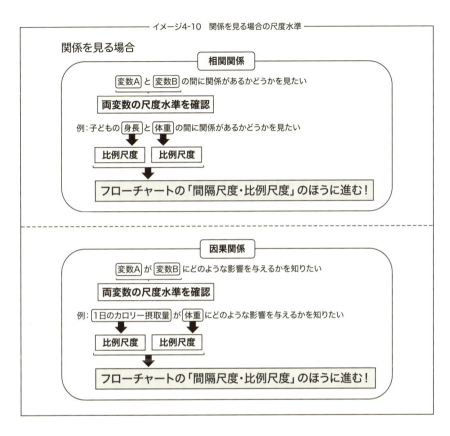

イメージ4-10 関係を見る場合の尺度水準

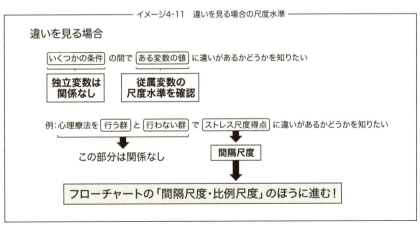

イメージ4-11 違いを見る場合の尺度水準

4-7　④条件数

　第4の視点は、**条件数**（☞28ページ）**です。違い**を見たい場合、**独立変数に含まれる条件数**によって利用する統計手法が変わります。ここで大事なのは、独立変数（研究者が設定する変数）の条件数を見るという点です。選択肢は次の3つです。

①2条件
②3条件以上
③2条件以上、つまり何条件でもOK

　違いを見る場合は必ず2条件以上となるので、「③2条件以上」は条件数がいくつの場合でも利用できる（どんな場合にも使える）ことを意味します（イメージ4-14）。これはどんな場合にでも使えるので、特に問題はないですね。大切なのは「①2条件」（イメージ4-12）と「②3条件以上」（イメージ4-13）が区別できることです。

　「①2条件」では必ず**要因数**（☞28ページ）が1で、**水準数**（☞28ページ）が2となります。例えば、「心理療法を行う群と行わない群でストレス尺度得点に違いがあるかどうか」ということが知りたい場合、「心理療法の実施の有無」という1要因で、心理療法を「行う群」と「行わない群」の2水準なので、条件数は2になります。

　次に、1要因の中には必ず2つ以上の水準（☞28ページ）を含むので、2要因の場合は必ず2水準以上×2水準以上＝4条件以上になります。つまり、**2要因以上であれば必ず「②3条件以上」になる**のです。また、1要因で3水準以上の場合も当然、「②3条件以上」に含まれます。このため、1要因2水準以外の場合はすべて「②3条件以上」になります。つまり、条件数を判断するには、自分の研究仮説が**1要因2水準なのかどうか**を確かめればいいのです。1要因2水準であれば「①2条件」を選び、それ以外なら「②3条件以上」を選ぶといいでしょう。

　ところで、フローチャートに従うと、目的で「違い」に、尺度水準で「間隔尺度・比例尺度」に進んだ場合、条件数の選択肢が「2条件」か「2条件以上」となっています。両方に2条件が含まれているのはどういうことなのだろうかと疑問に思った人もいるかもしれません。結論から言えば、**独立変数が2条件の場合は、「2条件」と「2条件以上」のどちらに進んでもかまいません**。進んだ先は、2条件の場合はt検定（☞101ページ）に、2条件以上の場合は分散分析（☞104ページ）につながっています

第4章 統計手法を選択するための視点

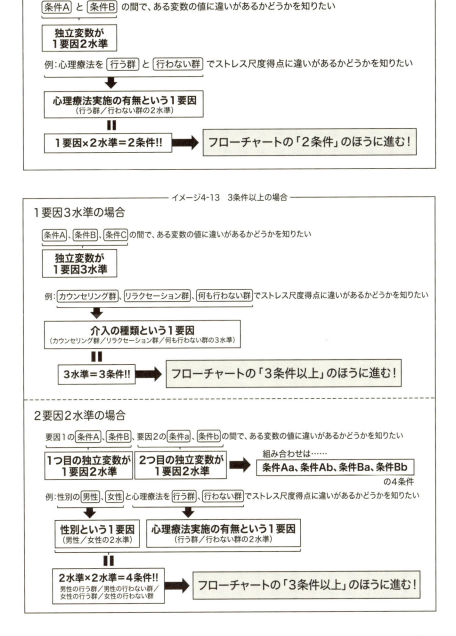

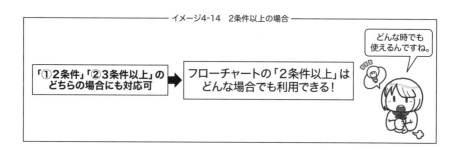

が、実はどちらの方法を用いても、結果は同じになるのです。ですから、**どちらに進んでいいかわからない時は**（なるべくそんなことはないほうがいいですが）、「**2条件以上**」、つまり分散分析のほうに進めば、間違いはないことになります。

ちなみに、関係を見る場合も3変数以上を扱うことがありますが、これに関しては今後出版予定の多変量解析の本で紹介しようと思っています。

4-8　⑤対応

第5の視点は、**対応があるかないか**です。対応については37ページで用語の説明をしているので、詳しくはそちらを見てください。ここでは3つの選択肢があります。

① 対応あり
② 対応なし
③ 一部対応あり

関係を見る場合は対応の有無を考える必要はありませんので、この視点は**違いを見る場合に必要**になってきます。

ここでいう**対応の有無**とは、独立変数の水準間で対応があるかどうかを指します。**同一の研究参加者に繰り返し測定をする場合**と、同じような研究参加者を**対応づけ**（☞38ページ）**る場合**のいずれであっても、**水準間に同一の特徴を持つ人が割り当てられている場合には「対応あり」**のほうに進んでください（イメージ4-15）。例えば、「音楽を聴く前と後で気分の高揚度に違いがあるかどうか」を見る研究は、同一の人の音楽を聴く前と後を比較することになるので、「対応あり」になります。

第4章　統計手法を選択するための視点

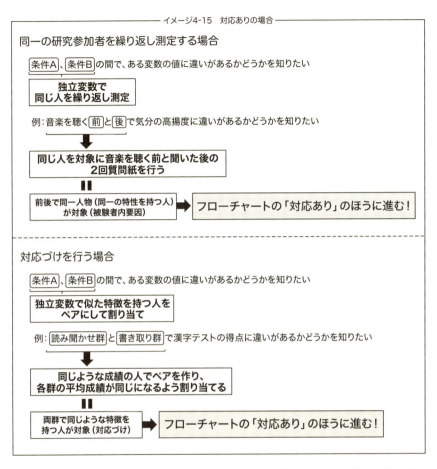

イメージ4-15　対応ありの場合

また、「読み聞かせと書き取りという教え方によって漢字テストの得点に違いがあるかどうか」を見る研究で、あらかじめ同じような成績の人でペアを組ませた上で各水準に割り当てた場合も「対応あり」のほうに進むことになります。

これに対して、もし対象に無作為割り当て（☞35ページ）が行われている場合など、**独立変数の各水準の対象が同じ特徴を持つようにコントロールされていないのであれば「対応なし」のほうに進んでください**（イメージ4-16）。対応づけを行う研究はそれほど多くないので、同一の研究参加者に繰り返し測定をする場合以外は、「対応なし」の場合が多いと思います。例としては、「ストレスマネジメント教育を行う人と行わない人でストレス尺度得点に違いがあるかどうか」を見る場合は、両群の

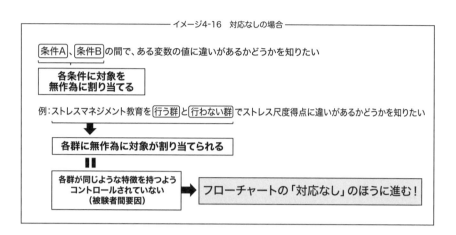

対象が同じ特徴を持つように研究者がコントロールしながら人を割り当てるわけではないので、「対応なし」のほうに進むことになります。

また、2つ以上の要因を扱う研究の場合、1つの要因は「対応あり」でもう1つの要因は「対応なし」という場合があり得ます（イメージ4-17）。この場合は、「一部対応あり」のほうに進んでください。例えば、「性別（男性／女性）と心理療法実施の前後（前／後）でうつ病得点に違いがあるかどうか」を見る場合などです。この場合、「性別」は無作為（☞35ページ）で決めているわけではありませんが研究者がコントロールするわけではないので「対応なし」の要因であり、「心理療法実施の前後」は同一の人が対象なので「対応あり」の要因になります。

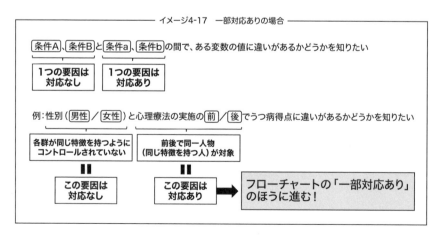

第4章　統計手法を選択するための視点

多くの場合は、ここまでくれば統計手法が選択できているはずなので、選ばれた統計手法の具体的なやり方について統計が得意な人に教えてもらってください。

4-9　⑥分散の等質性

違いを見ることが目的で、独立変数が2条件で対応なし、従属変数が間隔尺度・比例尺度の場合、t検定と分散分析という2つの統計手法を選択できます。ここで、もしt検定を用いる場合には、**独立変数の条件**（☞28ページ）**の間の分散が等しいかどうかを確かめる必要があります**。分散とはデータのバラつきの大きさのことでしたね。分散の説明は、第3章の「3-8　間隔尺度の代表値と散布度」（☞54ページ）を見てください。選択肢は次の2つです。

①等分散（分散が等しい）
②分散不等（分散が等しくない）

独立変数の条件の間の分散が等しいということは、**同じような分布**（☞115ページ）**のグラフを持つ**ことを意味します。t検定は条件間の分散が等しいことを前提としているので、この場合は**普通のt検定（分散の等しいt検定）を用います**（イメージ4-18）。

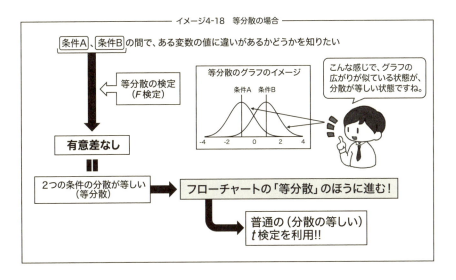

イメージ4-18　等分散の場合

しかし、もし独立変数の条件の間の分散が等しくない場合、つまりグラフの分布が2つの条件の間で大きく違う場合には、前提が崩れるので普通のt検定は使えません。そこで調整を行った形のt検定を用いる必要があります（**イメージ4-19**）。この調整を行った形のt検定のことを**ウェルチの検定**（☞102ページ）と呼びます。

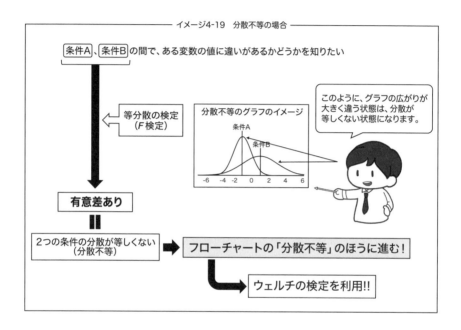

― イメージ4-19 分散不等の場合 ―

なお、条件の間の分散が等しいかどうかを調べるためには**等分散の検定**を行う必要があります。これは、「2つのグループの分散が等しい」という帰無仮説（☞114ページ）をもとに行われる検定です。つまり、2つのグループの分散が等しいかどうかを確かめるための統計手法ですね。この等分散の検定は**F検定**とも呼ばれるので、統計ソフトによってはF検定と表示されることもあります。

さて、この等分散の検定の結果を見る時に気をつけてもらいたいのは、等分散の検定結果の**「有意差**（☞118ページ）**がない」**場合に**等分散**となるということです。逆に、**「有意差がある」**場合には**分散不等**となります。推測統計（☞124ページ）を行う場合、有意差が出るほうが好ましいと思いがちですが、**この場合は有意差がないことが普通のt検定の前提を満たすことになるので、有意差がないほうが望ましい**と言えます。

Column 4

関係と違いを区別する方法

　第4章で、統計手法を選択する上での第1の視点として**目的が関係か違いかを区別する**ことを挙げました。けれども、中には「自分が知りたいことが関係を見ることなのか違いを見ることなのかがわからない」という人もいるかもしれません。関係を見る場合と違いを見る場合をどうやって見分けたらいいのか、その確かめ方について紹介したいと思います。

　みなさんが研究をする時には、まず最初に**研究目的**を考えると思います。**自分が何を知りたいのか、何を研究したいのかを言葉にしたものが研究目的**です。もちろん、かなり大雑把な目的もあれば、細かい目的もあるとは思いますが、「こういうことを知りたい」という目的がない研究は存在しません。この**目的がどのように表現されるのかを見る**ことで、関係を見たいのか、それとも違いを見たいのかを見分けることができます。

　まずは、**関係を見たい場合の研究目的に関する表現**を見ていきましょう。関係には因果関係と相関関係がありましたね。**因果関係を見る研究**は、原因となる変数が結果となる変数にどのような影響を及ぼすかを見るために行われます。つまり研究目的は「**AがBに及ぼす影響（A→Bの影響）** について知りたい」となります。また、因果関係を見ることは、原因となる変数から結果となる変数を予測することも意味しますから、「**Aの値からBの値を予測したい**」という目的の場合も含まれます。対して、**相関関係を見る研究**は、原因と結果を区別せず、2つの変数の関連について見るために行われます。そのため、研究目的は「**AとBの関連（A↔B）について知りたい**」となります。

　次に、**違いを見たい研究の目的に関する表現**はどうでしょうか？　違いを見たい場合は条件数によって表現が微妙に変わってきますが、基本的な構造は一緒なので、今回は一番わかりやすい2条件の場合を考えてみましょう。2条件の違いを見る研究の目的は「**条件Aと条件Bの間で、Cの得点（または人数）に違いがあるかどうかを知りたい**」というものです。これが3条件になれば「**条件A、条件B、条件Cの間で～**」となります。

このように、因果関係を見る研究、相関関係を見る研究、違いを見る研究の目的は、それぞれ次のように表現されます。

- 因果関係（影響）：AがBに及ぼす影響について知りたい（A→B）。
- 因果関係（予測）：Aの値からBの値を予測したい（A→B）。
- 相関関係：AとBの関連について知りたい（A↔B）。
- 違い（2条件）：条件Aと条件Bの間で、Cの得点（人数）に違いがあるかどうかを知りたい。

　自分の研究目的を文章にしてみた時に、この中の**どの表現に当てはまるか（あるいは似ているか）を確かめる**ことで、関係を見る研究なのか、違いを見る研究なのかを見分けることができるでしょう。それさえわかれば、それぞれの目的に合った方法を選択することができると思います。

第5章 統計手法の簡単な解説と研究例

5-1 ⑦利用する統計手法

　第4章では、**統計手法選択フローチャート**（☞66ページ）の⑥までを見てきました。この第5章ではフローチャートの⑦に載っているそれぞれの統計手法について、簡単に紹介と解説をします。あくまで簡単な紹介程度なので、詳しい計算方法や細かい説明は省き、**どんな仮説の時にどの統計手法を用いるのかについて、研究の具体例を示しながらお伝えしたい**と思います。解説はフローチャートに**載っている統計手法を左側から順番に紹介**していきますので、自分が知りたい統計手法がある場合はそのページを見てください。

　また、心理学の研究でよく用いられる t 検定、分散分析、χ^2（カイジジョウ）検定、ピアソンの積率相関係数に関しては、第Ⅱ部（第8章から第11章）で少し詳しく解説をしているので、興味がわいた人はそちらも併せて見てください。

　さて、18個も統計手法があり、聞き慣れない統計手法も多くあると思います。しかし、これらの統計手法はいずれも、第4章で見てきた6つの視点によって分けられていったものです。さらに言えば、大枠としては**①目的**（関係を見るのか違いを見るのか：☞67ページ）、**③尺度水準**（尺度水準は何か：☞76ページ）の2つの点について選択ができればよく、後は条件数や対応の有無など、細かい違いによって細分化されているだけです。ですから、繰り返しになりますが、統計手法を選択する上では、①目的と③尺度水準についてきちんと自分で選択できることが重要なのです。

　また、本書ではあくまで比較的よく用いられる統計手法を選んでいるので、もっと細かく見ていけば、さらに多くの統計手法が存在します。本書で紹介しているのは数ある統計手法のほんの一部に過ぎません。統計にハマって、もっといろいろな統計手法を詳しく知りたいという人は、巻末の「文献紹介」を参考にしてより専門的な統計の本をご覧ください。統計は最初は難しい気がするかもしれませんが、少しわかってくるときっと楽しくなると思います。

5-2 単回帰分析

単回帰分析は、2変数が間隔尺度・比例尺度の場合に、因果関係を見るための統計手法です（イメージ5-1）。原因となる変数（説明変数：☞32ページ）が結果となる変数（目的変数：☞33ページ）にどのような影響を与えるのかを見たい場合や、原因となる変数（説明変数）から結果となる変数（目的変数）を予測したい場合に用いられます。単回帰分析の特徴は次の通りです。

①目的：関係
②関係の種類：因果関係
③変数の尺度水準：間隔尺度・比例尺度

例えば、家族の親密さ（家族の親密度得点：間隔尺度）が対人積極性（対人積極性尺度得点：間隔尺度）に及ぼす影響について知りたい場合や、ストレスの程度（ストレス尺度得点：間隔尺度）から精神的健康（GHQ得点：間隔尺度）を予測したい場合に用いられます。

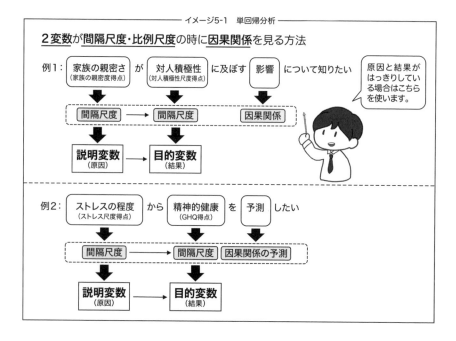

イメージ5-1　単回帰分析

1つ目の例では家族の親密度得点が説明変数、対人積極性尺度得点が目的変数に、2つ目の例ではストレス尺度得点が説明変数、GHQ得点が目的変数になります。

5-3 相関比

　相関比は、**1変数が名義尺度で1変数が間隔尺度・比例尺度の場合に、相関関係**を見るための統計手法です（イメージ5-2）。ある変数（名義尺度）と別の変数（間隔尺度・比例尺度）がどの程度の関係があるのかについて知りたい場合に用いられます。相関比の特徴は次の通りです。

①目的：関係
②関係の種類：相関関係
③変数の尺度水準：1変数は名義尺度、1変数は間隔尺度・比例尺度

　例えば、交通手段（車／バス／電車：名義尺度）と通勤時間（比例尺度）との関連について知りたい場合や、部活動の種類（運動部／文化部：名義尺度）と対人積極性（対人積極性尺度得点：間隔尺度）との関連について知りたい場合などに用いられます。

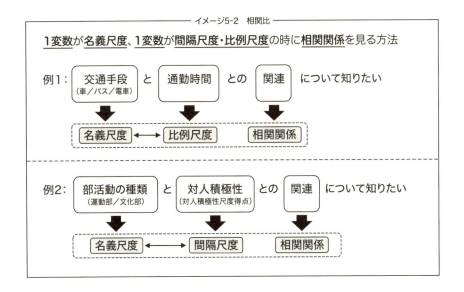

イメージ5-2　相関比

5-4 連関係数

　連関係数は、2変数が名義尺度の場合に、相関関係を見るための統計手法です（イメージ5-3）。ある変数（名義尺度）と別の変数（名義尺度）がどの程度の関連性があるのかについて知りたい場合に用いられます。よく用いられるものに**クラメールの連関係数**があります。連関係数の特徴は次の通りです。

①目的：関係
②関係の種類：相関関係
③変数の尺度水準：名義尺度

　例えば、性別（男性／女性：名義尺度）とある商品の購買の有無（買う／買わない：名義尺度）との関連について知りたい場合や、住んでいる地方（北海道／東日本／西日本／四国／九州・沖縄：名義尺度）と所得の高さ（高所得／低所得：名義尺度）との関連について知りたい場合などに用いられます。

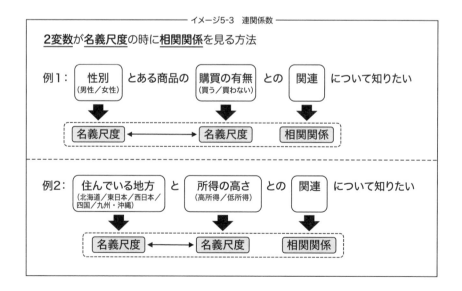

イメージ5-3　連関係数

5-5 順位相関係数

順位相関係数は、2変数が順序尺度の場合に、相関関係を見るための統計手法です（イメージ5-4）。ある変数（順序尺度）と別の変数（順序尺度）がどの程度の関連性があるのかについて知りたい場合に用いられます。中でもよく用いられるものに**スピアマンの順位相関係数やケンドールの順位相関係数**があります。順位相関係数の特徴は次の通りです。

①目的：関係
②関係の種類：相関関係
③変数の尺度水準：順序尺度

例えば、認知症の重症度（正常／軽度／中等度／重度：順序尺度）と行動範囲の程度（広い／中程度／狭い：順序尺度）との関連について知りたい場合や、短距離走の順位（50メートル走の順位：順序尺度）と長距離走の順位（1000メートル走の順位：順序尺度）との関連について知りたい場合などに用いられます。

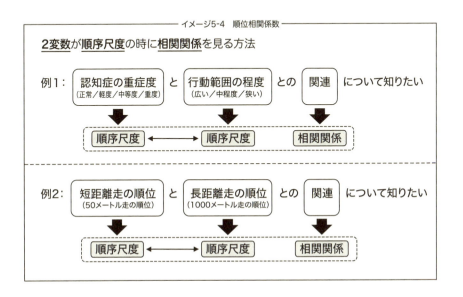

イメージ5-4　順位相関係数

5-6 ピアソンの積率相関係数

ピアソンの積率相関係数は、2変数が間隔尺度・比例尺度の場合に、相関関係を見るための統計手法です（イメージ5-5）。**ある変数（間隔尺度・比例尺度）と別の変数（間隔尺度・比例尺度）がどの程度の関連性があるのか**について知りたい場合に用いられます。相関研究では最も利用されている統計手法です。ピアソンの積率相関係数の特徴は次の通りです。

① 目的：関係
② 関係の種類：相関関係
③ 変数の尺度水準：間隔尺度・比例尺度

例えば、完璧主義的傾向（完璧主義的傾向尺度得点：間隔尺度）と抑うつの程度（SDS得点：間隔尺度）との関連を知りたい場合や、ストレスの程度（ストレス尺度得点：間隔尺度）と金遣いの程度（1か月の遊興費：比例尺度）との関連を知りたい場合などに用いられます。

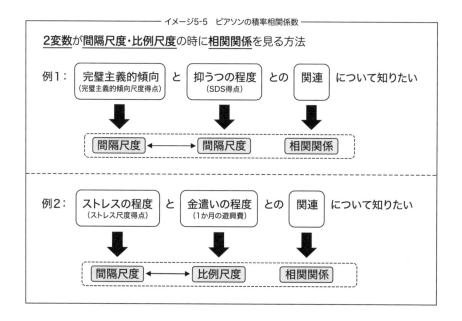

イメージ5-5　ピアソンの積率相関係数

5-7 マクネマー検定

マクネマー検定は、従属変数(☞31ページ)が名義尺度で、かつ独立変数(☞31ページ)が2条件で対応がある場合に、条件間の違いを見るための統計手法です(イメージ5-6)。2つの条件(☞28ページ)の間で、ある指標(名義尺度)に当てはまる人数に違いがあるかどうかについて知りたい場合に用いられます。マクネマー検定の特徴は次の通りです。

①目的：違い
②従属変数の尺度水準：名義尺度
③独立変数の条件数：2つ
④独立変数の対応：対応あり

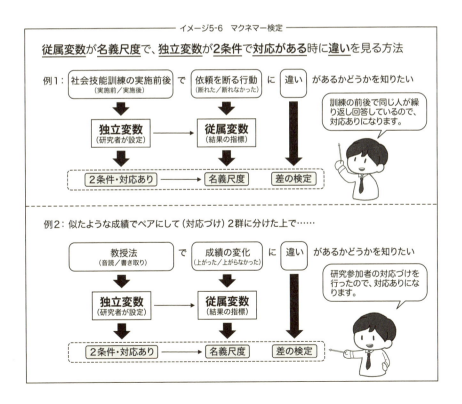

イメージ5-6 マクネマー検定

例えば、社会技能訓練の実施前後(実施前／実施後：対応あり)で、依頼を断る行動(断れた／断れなかった：名義尺度)に違いがあるかどうかを知りたい場合や、成績が似た生徒をペアに(対応づけ)した上で2つの教授法の群(☞29ページ)に振り分けることで、教授法(音読／書き取り：対応あり)により、成績の変化(上がった／上がらなかった：名義尺度)に違いがあるかどうかを知りたい場合などに用いられます。

5-8　χ^2検定

χ^2検定は、従属変数が名義尺度で、かつ独立変数が2条件以上(つまり何条件でもよい)で対応がない場合に、条件間の違いを見るための統計手法です(イメージ5-7)。2つ以上の条件の間で、ある指標(名義尺度)に当てはまる人数に違いがあるかどうかについて知りたい場合に用いられます。χ^2検定の特徴は次の通りです。

①目的：違い
②従属変数の尺度水準：名義尺度

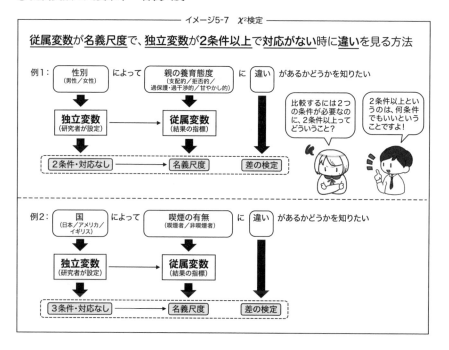

イメージ5-7　χ^2検定

③独立変数の条件数：2つ以上（いくつでもよい）
④独立変数の対応：対応なし

例えば、性別（男性／女性：対応なし）によって、親の養育態度（支配的／拒否的／過保護・過干渉的／甘やかし的：名義尺度）に違いがあるかどうかを知りたい場合や、国（日本／アメリカ／イギリス：対応なし）によって、喫煙の有無（喫煙者／非喫煙者：名義尺度）に違いがあるかどうかを知りたい場合などに用いられます。

5-9　コクランのQ検定

　コクランのQ検定は、従属変数が名義尺度で、かつ独立変数が3条件以上で対応がある場合に、条件間の違いを見るための統計手法です（イメージ5-8）。3つ以上の条件の間で、あるカテゴリー（名義尺度）に当てはまる人数に違いがあるかどうか

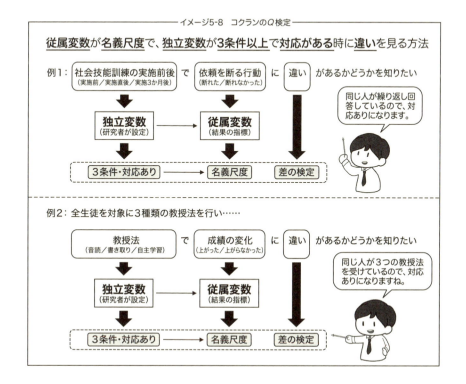

イメージ5-8　コクランのQ検定

について知りたい場合に用いられます。コクランの Q 検定の特徴は次の通りです。

①目的：違い
②従属変数の尺度水準：名義尺度
③独立変数の条件数：3つ以上
④独立変数の対応：対応あり

　例えば、社会技能訓練の実施前後の3つの時期(実施前／実施直後／実施3か月後：対応あり)で、依頼を断る行動(断れた／断れなかった：名義尺度)に違いがあるかどうかを知りたい場合や、すべての生徒に3つの教授法(音読／書き取り／自主学習：対応あり)を行った時に、教授法の違いにより、成績の変化(上がった／上がらなかった：名義尺度)に違いがあるかどうかを知りたい場合などに用いられます。

5-10　マン・ホイトニーの U 検定／ウィルコクソンの順位和検定

　マン・ホイトニーの U 検定とウィルコクソンの順位和検定はほぼ同じもので、従属変数が順序尺度で、かつ独立変数が2条件で対応がない場合に、条件間の違いを見るための統計手法です（イメージ5-9）。2つの条件の間で、ある指標の順番(順序尺度)に違いがあるかどうかについて知りたい場合に用いられます。これらの検定の特徴は次の通りです。

①目的：違い
②従属変数の尺度水準：順序尺度
③独立変数の条件数：2つ
④独立変数の対応：対応なし

　例えば、運動部の種類(サッカー部／陸上部：対応なし)で体力テストの評価(高い／標準／低い：順序尺度)に違いがあるかどうかを知りたい場合や、部活動の種類(運動部／文化部：対応なし)で短距離走の順位(100メートル走の順位：順序尺度)に違いがあるかどうかを知りたい場合などに用いられます。

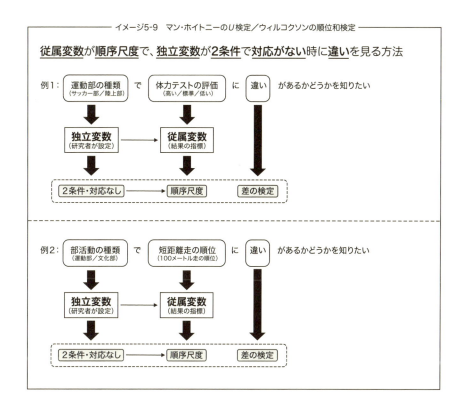

5-11 ウィルコクソンの符号付順位検定

　ウィルコクソンの符号付順位検定 (符号付順位和検定とも言います) は、従属変数が順序尺度で、かつ独立変数が2条件で対応がある場合に、条件間の違いを見るための統計手法です (イメージ5-10)。2つの条件の間で、ある指標の順番 (順序尺度) に違いがあるかどうかについて知りたい場合に用いられます。ウィルコクソンの符号付順位検定の特徴は次の通りです。

①目的：違い
②従属変数の尺度水準：順序尺度
③独立変数の条件数：2つ
④独立変数の対応：対応あり

第1部　統計が得意な人を頼るには

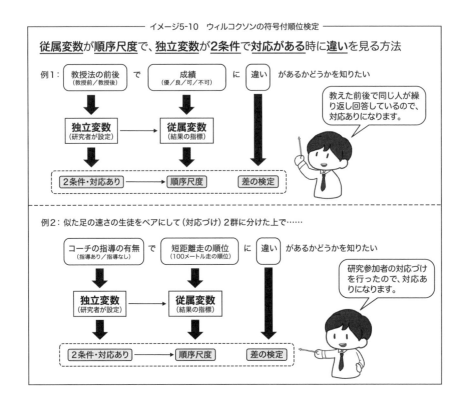

例えば、ある教授法を行った前後（教授前／教授後：対応あり）で、成績（優／良／可／不可：順序尺度）に違いがあるかどうかを知りたい場合や、似た足の速さの生徒をペアにして2群に分け、コーチの指導の有無（指導あり／指導なし：対応あり）の違いにより、短距離走の順位（100メートル走の順位：順序尺度）に違いがあるかどうかを知りたい場合などに用いられます。

5-12　クラスカル・ウォリスの検定

クラスカル・ウォリスの検定は、従属変数が順序尺度で、かつ独立変数が3条件以上で対応がない場合に、条件間の**違い**を見るための統計手法です（イメージ5-11）。3つ以上の条件の間で、ある指標の順番（順序尺度）に**違い**があるかどうかについて知りたい場合に用いられます。クラスカル・ウォリスの検定の特徴は次の通りです。

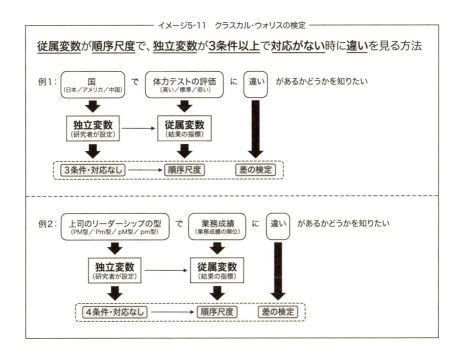

①目的：違い
②従属変数の尺度水準：順序尺度
③独立変数の条件数：3つ以上
④独立変数の対応：対応なし

　例えば、国（日本／アメリカ／中国：対応なし）で体力テストの評価（高い／標準／低い：順序尺度）に違いがあるかどうかを知りたい場合や、上司のリーダーシップの型（PM型／Pm型／pM型／pm型：対応なし）で業務成績（業務成績の順位：順序尺度）に違いがあるかどうかを知りたい場合などに用いられます。

5-13　フリードマンの検定

　フリードマンの検定は、従属変数が順序尺度で、かつ独立変数が3条件以上で対応がある場合に、条件間の違いを見るための統計手法です（イメージ5-12）。3つ以

第 I 部　統計が得意な人を頼るには

上の条件の間で、**ある指標の順番（順序尺度）に違いがあるかどうか**について知りたい場合に用いられます。フリードマンの検定の特徴は次の通りです。

① 目的：違い
② 従属変数の尺度水準：順序尺度
③ 独立変数の条件数：3つ以上
④ 独立変数の対応：対応あり

　例えば、同じ研究参加者に対して、抗不安薬投与前後の時間（投与前／10分後／1時間後：対応あり）で、心拍数の速さ（速い／普通／遅い：順序尺度）に違いがあるかどうかを知りたい場合や、同水準の成績の生徒を一緒に学習する人数によって3つの群に分け、学習する人数（大人数／少人数／個別：対応あり）の違いにより、学力順位（学力テストの順位：順序尺度）に違いがあるかどうかを知りたい場合などに用いられます。

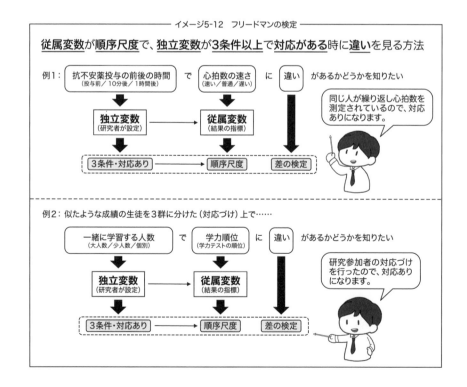
イメージ5-12　フリードマンの検定

5-14　分散の等しいt検定

　分散の等しいt検定は、従属変数が間隔尺度・比例尺度で、かつ独立変数が2条件で対応がなく、分散が等しい場合に、条件間の**違い**を見るための統計手法です（イメージ5-13）。2つの条件の間で、ある指標（間隔尺度・比例尺度）に**違い**があるかどうかを知りたい場合に用いられ、**対応のない**t検定とも言われます。分散の等しいt検定の特徴は次の通りです。

①目的：違い
②従属変数の尺度水準：間隔尺度・比例尺度

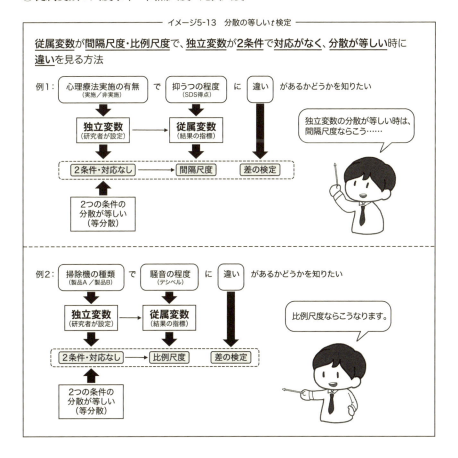

イメージ5-13　分散の等しいt検定

③独立変数の条件数：2つ
④独立変数の対応：対応なし
⑤独立変数の分散の等質性：分散が等しい（等分散）

　例えば、心理療法実施の有無（実施／非実施：対応なし）で抑うつの程度（SDS得点：間隔尺度）に違いがあるかどうかを知りたい場合や、掃除機の種類（製品A／製品B：対応なし）で騒音の程度（デシベル：比例尺度）に違いがあるかどうかを知りたい場合で、独立変数の分散（☞54ページ）が等しい場合に用いられます。

5-15　ウェルチの検定

　ウェルチの検定は、従属変数が間隔尺度・比例尺度で、かつ独立変数が2条件で対応がなく、分散が等しくない場合に、条件間の違いを見るための統計手法です（イメージ5-14）。2つの条件の間で、ある指標（間隔尺度・比例尺度）に違いがあるかどうかについて知りたい場合に用いられます。ウェルチの検定の特徴は次の通りです。

①目的：違い
②従属変数の尺度水準：間隔尺度・比例尺度

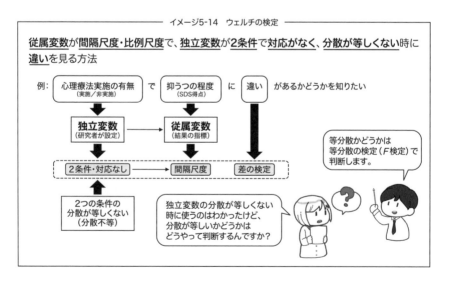

イメージ5-14　ウェルチの検定

③独立変数の条件数：2つ
④独立変数の対応：対応なし
⑤独立変数の分散の等質性：分散が等しくない（分散不等）

　例えば、心理療法実施の有無（実施／非実施：対応なし）で抑うつの程度（SDS得点：間隔尺度）に違いがあるかどうかを知りたい場合など、分散の等しいt検定と同じような例で用いられますが、独立変数の分散が等しくない場合はこの検定を用います。

5-16　対応のあるt検定

　対応のあるt検定は、**従属変数が間隔尺度・比例尺度**で、かつ**独立変数が2条件で対応がある**場合に、条件間の**違いを見るための統計手法です**（イメージ5-15）。2つの条件の間で、ある指標（間隔尺度・比例尺度）に違いがあるかどうかについて知りたい場合に用いられます。対応のあるt検定の特徴は次の通りです。

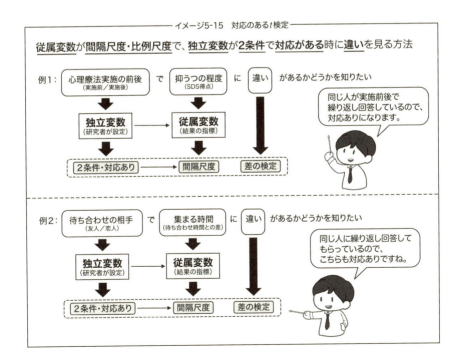

イメージ5-15　対応のあるt検定

①目的：違い
②従属変数の尺度水準：間隔尺度・比例尺度
③独立変数の条件数：2つ
④独立変数の対応：対応あり

　例えば、心理療法実施の前後（実施前／実施後：対応あり）で抑うつの程度（SDS得点：間隔尺度）に違いがあるかどうかを知りたい場合や、待ち合わせの相手（友人／恋人：対応あり）で集まる時間（間隔尺度）に違いがあるかどうかを知りたい場合などに用いられます。

5-17　対応のない分散分析

　対応のない分散分析は、従属変数が間隔尺度・比例尺度で、かつ独立変数が2条件以上（つまり何条件でもよい）で対応がない場合に、条件間の違いを見るための統計手法です（イメージ5-16）。2つ以上の条件の間で、ある指標（間隔尺度・比例尺度）に違いがあるかどうかについて知りたい場合に用いられます。対応のない分散分析の特徴は次の通りです。

①目的：違い
②従属変数の尺度水準：間隔尺度・比例尺度
③独立変数の条件数：2つ以上（いくつでもよい）
④独立変数の対応：対応なし

　例えば、心理療法の種類（精神分析／認知行動療法／来談者中心療法：対応なし）で治療後の抑うつの程度（SDS得点：間隔尺度）に違いがあるかどうかを知りたい場合や、家族サポートの有無（サポートあり／サポートなし：対応なし）と認知症の程度（正常／軽度／中等度／重度）で生活の質（QOL尺度得点：間隔尺度）に違いがあるかどうかについて知りたい場合などに用いられます。独立変数の条件数は2つ以上なので、対応のない間隔尺度・比例尺度のデータを用いて違いを見る場合であれば条件数に関係なく利用できます。

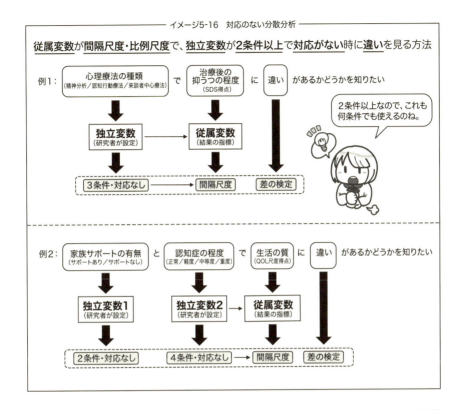

5-18 混合型分散分析

　混合型分散分析は、従属変数が間隔尺度・比例尺度で、かつ独立変数が2要因以上（何条件でもよい）で対応がある要因と対応がない要因の両方を含む場合に、条件間の違いを見る統計手法です（イメージ5-17）。2要因の条件の間で、ある指標（間隔尺度・比例尺度）に違いがあるかどうかを知りたい場合に用いられます。混合型分散分析の特徴は次の通りです。

①目的：違い
②従属変数の尺度水準：間隔尺度・比例尺度
③独立変数の条件数：2要因以上（条件数はいくらでもよい）
④独立変数の対応：対応がある要因と対応がない要因の両方を含む

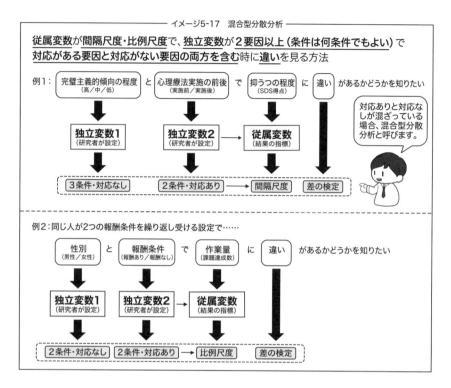

イメージ5-17　混合型分散分析

　例えば、完璧主義的傾向の程度（高／中／低：対応なし）と心理療法実施の前後（実施前／実施後：対応あり）で抑うつの程度（SDS得点：間隔尺度）に違いがあるかどうかを知りたい場合や、同じ人が2つの報酬条件を繰り返し受ける設定で、性別（男性／女性：対応なし）と報酬条件（報酬あり／報酬なし：対応あり）によって、作業量（課題達成数：比例尺度）に違いがあるかどうかを知りたい場合などに用いられます。

5-19　対応のある分散分析

　対応のある分散分析は、従属変数が間隔尺度・比例尺度で、かつ独立変数が2条件以上（つまり何条件でもよい）で対応がある場合に、条件間の違いを見るための統計手法です（イメージ5-18）。2つ以上の条件の間で、ある指標（間隔尺度・比例尺度）に違いがあるかどうかについて知りたい場合に用いられます。対応のある分散分析の特徴は次の通りです。

①目的:違い
②従属変数の尺度水準:間隔尺度・比例尺度
③独立変数の条件数:2つ以上(いくつでもよい)
④独立変数の対応:対応あり

例えば、兄弟間の出生順位(長子／中間子／末子:対応あり)で金遣いの荒さ(1か月の出費額:比例尺度)に違いがあるかどうかを知りたい場合や、夫婦(夫／妻:対応あり)が筋弛緩法の実施前後(実施前／実施後:対応あり)でストレスの程度(ストレス尺度得点:間隔尺度)に違いがあるかどうかを知りたい場合などに用いられます。

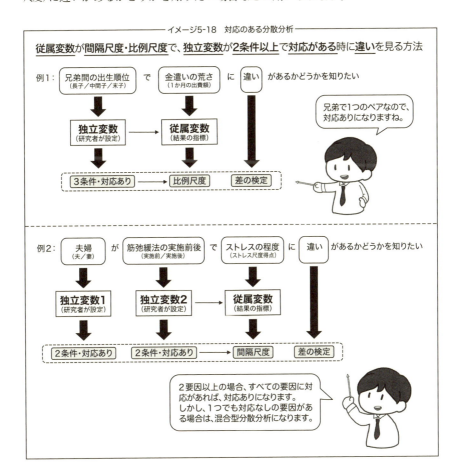

イメージ5-18 対応のある分散分析

第 II 部
心理学でよく用いられる統計手法

第Ⅱ部のあんない

　第Ⅱ部では、**心理統計の基本的な考え方**（第7章）と、心理統計の中でも非常によく利用される **t 検定**（第8章）、**分散分析**（第9章）、**χ^2 検定**（第10章）、**ピアソンの積率相関係数**（第11章）について、第5章で紹介したよりももう少し詳しく解説をしていこうと思います。ただ統計手法を選択できるようになるだけではなく、**自分が何をしようとしているのか、各統計手法はどんな意味を持っているのか**について紹介していきます。

　もちろん、これらの知識は直接的には研究に役立つわけではありませんが、きちんと各統計手法の仕組みを知っていると、単に機械的に統計手法を選択するだけではなく、自分が研究で行っていることを確認、理解しながら研究を進めることができます。このことは、各統計手法を用いることで得られた結果について誤りなく解釈をする上で、非常に重要になってきます。研究をきちんと考察するためには自分が行っていることをきちんと理解している必要があるため、各統計手法の意味を知っておくことは、**間接的に**みなさんの研究に貢献するのです。

　第Ⅱ部を書くに当たっては、「はじめに」でお話しした3つの理解（数式による理解、文章による理解、イメージによる理解）のそれぞれを関連させて説明することを心がけました。ただ大まかなイメージを示すだけではなく、数式の意味を文章の説明とイメージの補足によって大まかに理解できるように書いているので、**数式、文章、イメージそれぞれの枠組みから各統計手法の意味を理解**してもらえればと思います。

　とはいえ、第Ⅱ部はある程度、専門的な内容が含まれていて、ややこしい専門用語や数式が出てきます。特に、第9章の分散分析と第11章のピアソンの積率相関係数の共分散の部分はかなり説明が複雑ですので、何度か見直さないとわかりにくいかもしれません。しかし、焦らず、一つひとつの数式と文章とイメージを見比べながらゆっくり読んでいくと、きっと理解ができると思います。

　イメージを多用してなるべくわかりやすく説明するつもりなので、これを機にぜひ統計手法の意味を理解し、「統計がわかった！」という感覚を味わってもらえればと思います。

第6章 主要な統計手法を理解する上で知っておくべき用語

　第Ⅱ部の初めの第6章ではまず、主要な統計手法を理解する上で知っておくべき用語について説明します。第Ⅱ部は第Ⅰ部に比べてより専門的な内容になってきます。そのため、専門用語もたくさん出てくるので、第2章で説明した用語とこの章で説明する用語の確認をしながら読み進んでください。

　この章で説明する用語をまとめると次のようになります。

- 母集団（☞111ページ）：研究で調べたい研究対象者全体。
- サンプル（標本）（☞112ページ）：母集団の中から選び出された研究参加者。
- 対立仮説（☞114ページ）：研究者が知りたいと考えている仮説。
- 帰無仮説（☞114ページ）：間違いだと証明されることが求められる仮説。
- 分布（☞115ページ）：データを一定区間で区切って、各区間に含まれるデータ数をグラフにしたもの。
- 正規分布（☞116ページ）：多くのデータが集まった時にできる分布。
- 検定統計量（☞116ページ）：統計的仮説検定を行う時にデータから計算する値。
- 有意水準（☞117ページ）：要因内で取り得る値（水準）を組み合わせたもの。
- p 値（☞118ページ）：帰無仮説が正しい場合にデータの検定統計量の値が生じる確率。
- 有意差（☞118ページ）：違いを見る研究において、条件間に違いがあること。
- 標準化（☞119ページ）：すべてのデータが同じ基準になるように修正すること。

　では、それぞれの用語について見ていきましょう。

母集団

　母集団とは、研究で調べたい研究対象者[注3]全体を意味します。例えば、①「今年

注3）　研究者が調べたい対象全体のことを研究対象者、実際に研究に参加してくれる人のことを研究参加者と呼びます。

のA中学校の生徒」の国語のテストの得点を知りたい場合には、母集団は今年のA中学校の全生徒となります。しかし、もし②「A中学校の生徒」の国語のテストの得点を知りたい場合は、A中学校が設立されてから現在（未来も含む）までのすべての生徒が母集団となります。さらに広げて③「日本の中学生」の国語のテストの得点を知りたい場合は、日本で行われた国語のテストを受けた過去、現在、未来のすべての人が母集団になり、「中学生」の国語のテストの得点を知りたい場合は、全世界で行われた国語のテストを受けた過去、現在、未来のすべての人が母集団になります。

母集団をどのレベルに設定するかによって、研究のデザインや統計手法、研究で明らかになった結果の適用範囲や一般性が変わってくるので、自分がどの範囲の母集団を扱うのかを知っておくことは重要です。

サンプル（標本）

サンプル（標本）とは、**母集団の中から選び出された研究参加者**を指します。母集団が小集団である場合を除いて、**母集団に含まれるすべての人を調べることは不可能**です。そのような場合、**母集団の中から適当な数の研究参加者を抜き出す**ことになります。例えば、日本の中学生の国語のテストの得点について知りたい場合、過去、現在、未来を含めたすべての日本の中学生に調査をすることは不可能です。そこで、いくつかの中学校の生徒の今年の国語のテストの得点を調べて、そこから日本の中学生の国語のテストの得点を推測します。この時に、選ばれたいくつかの中学校の生徒の今年のテストの得点がサンプルになります。サンプルは**母集団について検討するために実際に調査や実験をするデータ**（☞26ページ）と言えます。

サンプルを選択する時には、**サンプルが偏らないように抜き出す**ことが重要です。例えば、日本の中学生の国語のテストの得点について知りたい場合に、偏差値の高い進学校の生徒ばかりをサンプルとして抜き出してしまうと、もとの母集団よりも高い得点の方向に結果がゆがむため、母集団の特徴を適切に示すサンプルとは言えません。この、**結果が偏らないようにサンプルを選ぶ方法**が**無作為抽出**（☞35ページ）です。

イメージ6-1に母集団・サンプルのイメージをまとめています。

第6章　主要な統計手法を理解する上で知っておくべき用語

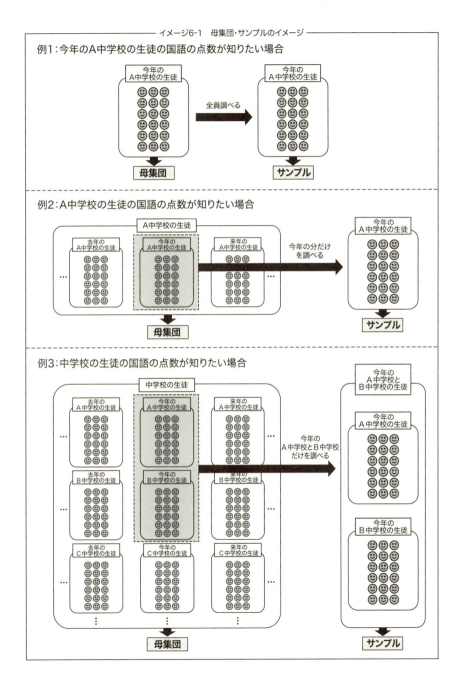

イメージ6-1　母集団・サンプルのイメージ

対立仮説

　対立仮説とは、**研究者が知りたいと考えている仮説**のことです。多くの場合、研究者は「AとBの間に関連がある」ことや、「AとBは異なる」ことを知りたいと考えています。**研究者が確かめたい「AとBの間に関連がある」や、「AとBは異なる」という仮説が対立仮説**です。例えば、「ストレスの程度（ストレス尺度得点）と抑うつの程度（抑うつ尺度得点）の間に関連があるかどうか」を知りたいという場合は、研究者としては「ストレスの程度と抑うつの程度の間には関連がある」ことが言いたいので、この「ストレスの程度と抑うつの程度の間には関連がある」という仮説が対立仮説になります。また、「心理療法実施の有無（行う群/行わない群）で、抑うつの程度（抑うつ尺度得点）が異なるかどうか」を知りたいという場合は、研究者としては「心理療法を行うことで抑うつの程度が異なる」と言いたいので、「心理療法実施の有無で抑うつの程度が異なる」という仮説が対立仮説になります。

帰無仮説

　帰無仮説とは、**対立仮説の逆の仮説**のことで、最終的には**間違いだと証明されることが求められる仮説**です。どうしてこんな仮説を立てる必要があるのかについては、「7-3　統計的仮説検定」（☞126ページ）を見てください。対立仮説が「AとBの間には関連がある」という場合には、それとは反対の「AとBにはまったく関連がない」という仮説が帰無仮説となります。また、対立仮説が「AとBは異なる」という場合には、その反対である「AとBは同じである」というのが帰無仮説になります。このように、もともと研究者が知りたい仮説の反対の仮説が帰無仮説です。

　例を挙げると、「ストレスの程度（ストレス尺度得点）と抑うつの程度（抑うつ尺度得点）の間に関連がある」という仮説が対立仮説の場合、「ストレスの程度と抑うつの程度はまったく無関係である」という仮説が帰無仮説になります。また、「心理療法実施の有無（行う群/行わない群）で、抑うつの程度（抑うつ尺度得点）が異なる」という仮説が対立仮説の場合、「心理療法を行っても行わなくても抑うつの程度は同じ」という仮説が帰無仮説になります。

　イメージ6-2に対立仮説・帰無仮説のイメージをまとめています。

第6章　主要な統計手法を理解する上で知っておくべき用語

分布

　分布とは、データを一定区間で区切って、各区間に含まれるデータ数をグラフにしたものです。データの集まりの特徴を視覚的に見ることができます。

　分布の活用の仕方には2つのものがあります。

① 記述統計（☞123ページ）において、集めたデータの特徴を知るためにデータの分布を見る場合。
② 推測統計（☞124ページ）において、有意差（☞118ページ）などの判断を下すために計算上の分布から確率を計算する場合。

特に推測統計においては分布は非常に重要なものであり、仮説が正しいかどうかの判断はこの分布をもとに行います。例えば、条件間に違いがあるかどうかを知りたい場合には、**帰無仮説（条件間の値が等しい）が正しい場合の分布をもとに集めたデータの値が生じる確率を計算し、違いがあるかどうかを判断**します。

推測統計では、多くのデータが集まった時にできる正規分布、t検定の際に用いられるt分布、分散分析の際に用いられるF分布、χ^2検定の際に用いられるχ^2分布などさまざまな分布を利用して、結果を判断していきます。ここでは正規分布以外の分布の詳しい説明はややこしくなるので省きますが、推測統計はいろいろな分布を使って確率を計算しているんだなということをわかっておいてください。

正規分布

正規分布とは、多くのデータが集まった時にできる分布のことです。正規分布は**左右対称で、平均値**（☞54ページ）**を中心に左右にすそ野が広がった、釣り鐘の形の分布**になります。多くの現象（例えば、身長や体重、テストの得点、大量のサイコロを振って出た目など）は、**データの数が多ければ多いほど、この正規分布に近づきます。** よく、統計を行うにはデータをたくさん集めないといけないと言われますが、それは多くの統計手法がこの正規分布を前提にしているからです。

イメージ6-3に分布・正規分布のイメージをまとめています。

検定統計量

検定統計量とは、統計的仮説検定を行う時にデータから計算する値のことです。この値が**基準値**（分布によって決まっています）**となる値よりも大きな値を取る場合に帰無仮説が間違いということになり、対立仮説が正しいということになります。** つまり、統計的仮説検定を行う時に基準値と比較される、**データから得られた値**（☞26ページ）のことを検定統計量と言います。ちなみに、ややこしいですが、**「検定統計量が基準値となる値よりも大きな値を取る」** 場合というのは、別の言い方をすると**「p値**（☞118ページ）**が有意水準よりも小さい値を取る」** ことを意味します。検定統計量にはt検定で用いるt値や分散分析で用いるF値、χ^2検定で用いるχ^2値などがあります。

第6章 主要な統計手法を理解する上で知っておくべき用語

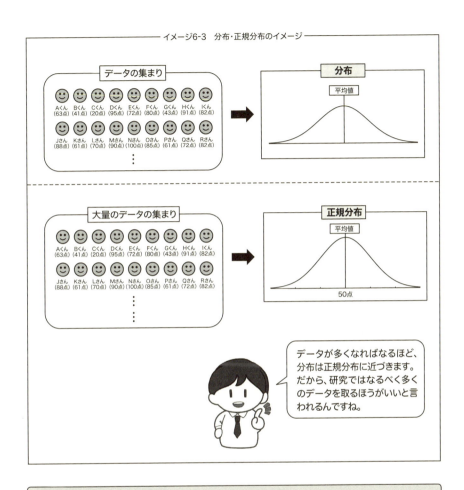

有意水準

　有意水準とは、統計的仮説検定を行う時に判断の基準となる確率のことです。有意確率や危険率とも呼ばれます。心理学では一般的に5%(0.05)が、厳しく判断する場合は1%(0.01)が用いられます。イメージ6-4では、5%水準の基準となる値が1.96で、この値よりも大きな値を取る確率(グラフの灰色の部分)が5%であることを意味しています。検定統計量がこの1.96よりも大きな値を取る場合には帰無仮説が正しい確率は5%よりも小さくなり、帰無仮説が間違いであるという判断をします。

p値

　p値とは、帰無仮説が正しい場合にデータの検定統計量の値が生じる確率を意味します。なお、統計的仮説検定の結果が有意であった場合、昔はp値が有意水準よりも大きいか小さいかを表す$p<.05$などの表記をしていましたが、現在は正確な確率を簡単に計算できるようになったので、$p=.03$のようにp値そのものを表記することが多いようです。

有意差

　有意差とは、違いを見る研究で条件間に違いがあることを意味します。違いを見る場合に、データの①検定統計量が基準値よりも大きく、②p値が有意水準よりも

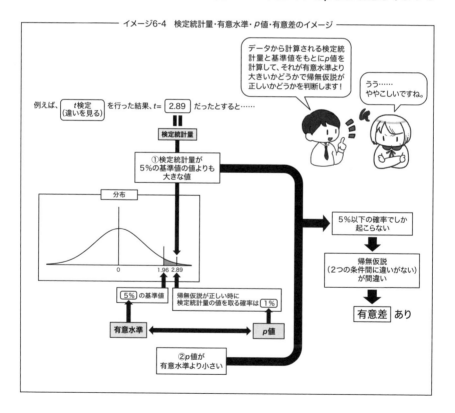

イメージ6-4　検定統計量・有意水準・p値・有意差のイメージ

小さい場合に**有意差がある**と言います。ちなみに、関係を見る場合でも有意水準を見ますが、この場合は違いを見ているわけではないため有意差ではなく、「有意な関係がある」という言い方になります。

イメージ6-4に検定統計量・有意水準・p値・有意差のイメージをまとめています。

標準化

標準化とは、さまざまなデータを同じ土俵で比較するために、すべてのデータを同じ基準に従うように値を修正する手続きのことで、標準化された得点を**標準得点**（z**得点**）と言います。

具体的には、標準化のためには次の2つの手続きを行います。

① 平均値を0にする：各データの値から平均値を引く。
② 標準偏差を1にする：各データの値を標準偏差で割る。

数式で表すと**イメージ6-5**のようになります。では、この手続きでどうして同じ土俵で比較することができるのでしょうか？ **イメージ6-6**を使って説明します。

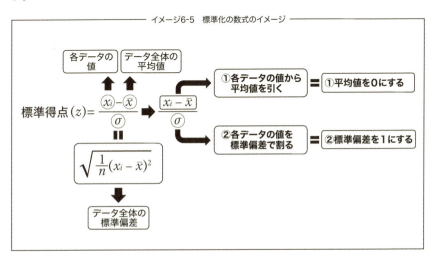

―― イメージ6-5　標準化の数式のイメージ ――

第Ⅱ部　心理学でよく用いられる統計手法

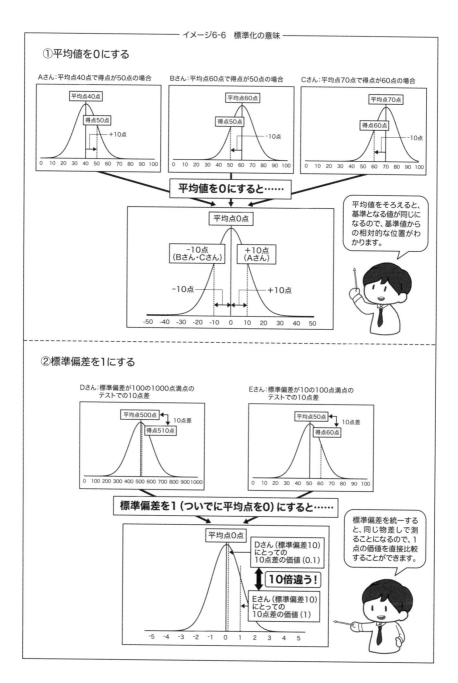

イメージ6-6　標準化の意味

まず、①の**平均値**（☞54ページ）**を0にする**理由をテストの例を使って考えてみましょう。テストの点が同じ50点でも、Aさんのように平均点が40点の場合の50点（平均点より10点高い）と、Bさんのように平均点が60点の場合の50点（平均点より10点低い）では、まったく意味が違います。そこで**得点から平均点を引くことで、平均点から±何点なのかを計算します**。平均点が40点の場合（Aさん）は＋10点になり、平均点が60点の場合（Bさん）は－10点になります。また、平均点が50点の時に40点を取った場合（Bさん）と平均点が70点の時に60点を取った場合（Cさん）を比較すると、ともに－10点になります。このように、**平均値を0に合わせた上で各データの相対的な位置づけを見る**ことで、異なる平均値を持つデータでも比較ができるようになるのです。

次に、②の**標準偏差**（☞61ページ）**を1にする**理由は何でしょうか？　これもテストの例で考えてみましょう。2つのテストを比較する時に、1つは100点満点のテスト、もう1つは1000点満点のテストだったとします。テストを受けた人の点数のバラつきは、当然、0〜100点の100点満点のテストよりも0〜1000点の1000点満点のテストのほうが大きくなります。そして、これらのテストで10点差を考えた場合、同じ10点差と言ってもその重みは異なります。例えばDさんのように1000点満点のテストでの10点差（平均点500点で得点が510点）ならそれほど大きな点差とは言えないかもしれませんが、Eさんのように100点満点の10点差（平均点50点で得点が60点）はかなり大きな点差と言えます。年収1000万円の人の1万円と年収10万円の人の1万円では、同じ1万円でもその重みは違うと言えばわかりやすいでしょうか。すべてのデータで標準偏差を1にすることは、この**得点の重みを平等にすること、言い換えれば、同じ単位の物差しで比較できるようにする**ことを意味します。1000点満点のテストの10点差は、基準を1にすると0.01点になり、100点満点の10点差は基準を1にすると0.1点となります。これらを比較すると、100点満点の10点差は1000点満点の10点差よりも10倍の重みがあることになりますね。

つまり**標準化とは、①で基準になる値を、②で得点の重みを**（同じ単位の物差しに）**そろえることで、すべてのデータを同じ土俵で比較できるように修正する**手続きなのです。

第7章 統計の種類と統計的仮説検定の考え方

7-1 記述統計

　第7章では、統計の**2つの分類**と、その中で行われる**統計的仮説検定の考え方**について見ていきたいと思います。統計には大きく分けて2つのものがあります。1つは**記述統計**で、もう1つは**推測統計**です。まずはこの2つの統計について簡単に説明します。

　記述統計とは、**得られたデータ**（☞26ページ）がどのような特徴を持っているのかについてまとめて、整理をするためのものです。**データの全体的な特徴やそれをもとに個々のデータの位置づけ**などを見ていきます。記述統計で扱う値（☞26ページ）としては、例えば、データの平均値（☞54ページ）などの**代表値**（☞42ページ）、標準偏差（☞61ページ）や分散（☞54ページ）などの**散布度**（バラつき：☞42ページ）、**偏差値**などがあります。また、意外なところでは、**相関係数**（☞171ページ）も調査をしたデータの関連性を示す値なので記述統計に含まれます。

　イメージ的には、**知りたい対象すべてのデータを集めて、その特徴を整理する**感じです。**イメージ7-1**を見てください。A中学校の1年生18人のデータがあります。調査者はこのA中学校の1年生がテストでいったい何点くらい取っているのかを知りたいと思ったとしましょう（①）。何となく60点から90点くらいの人が多そうな気がしますが、一人ひとりのデータを見るだけではこのクラスがいったい何点くらい取っているのかは、はっきりとはわかりません。そのような時に平均値という値を計算すると、A中学校の1年生がテストで何点くらい取っているのかがはっきりとわかります（②）。実際に計算してみると、70点になりました（③）。一人ひとりはいろいろな得点を取っていますが、A中学校の1年生全体を見ると、だいたい70点を取っているということがわかります。

　このことがわかると、40点のBくんはクラス全体の得点よりも30点ほど点数が低い（④）ことがわかりますし、逆に90点のMさんはクラス全体の得点よりも20点ほど高い点数である（⑤）ことがわかります。このように、データ全体の特徴がわか

第Ⅱ部　心理学でよく用いられる統計手法

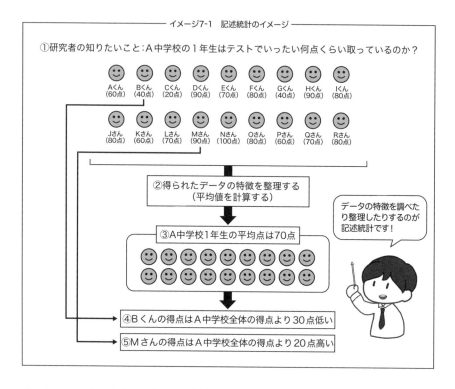

ることで、一人ひとりのデータが全体のどのあたりに位置するのかもわかってきます。よく「入試の模擬テストの偏差値が40だった」などというのを聞いたりしますが、これもその一例です。偏差値が40だということは、模擬テストを受けた人全体の得点から比べると低い得点だったということを意味します。

7-2　推測統計

　もし知りたいことに関するデータをすべて集めることができるのであれば記述統計だけで事足りるのですが、**現実には知りたいことに関するデータをすべて集めるということが不可能な場合も多くあります。そのような時に使われるのが推測統計**です。推測統計は、確率の概念を利用して、限られた数のデータのサンプル（☞112ページ）をもとに、より一般的な結論を導き出すものです。イメージ7-2を見てください。

第7章 統計の種類と統計的仮説検定の考え方

―― イメージ7-2 推測統計のイメージ ――

①研究者の知りたいこと：日本の中学1年生はテストでいったい何点くらい取っているのか？

【A中学校のデータ】
- Aくん（60点）
- Bくん（40点）
- Cくん（20点）
- Dくん（90点）
- Eくん（70点）
- Fくん（80点）
- Gくん（40点）
- Hくん（90点）
- Iくん（80点）
- Jさん（80点）
- Kさん（60点）
- Lさん（70点）
- Mさん（90点）
- Nさん（100点）
- Oさん（80点）
- Pさん（60点）
- Qさん（70点）
- Rさん（80点）

②得られたデータの特徴を整理する

↓

【日本の中学1年生の平均点は？】

③A中学校のデータだけでは、はっきりしたことは言えない
④でも、全国の中学生にテストをすることは不可能!!

↓

【A中学校のデータ】
- Aくん（60点）
- Bくん（40点）
- Cくん（20点）
- Dくん（90点）
- Eくん（70点）
- Fくん（80点）
- Gくん（40点）
- Hくん（90点）
- Iくん（80点）
- Jさん（80点）
- Kさん（60点）
- Lさん（70点）
- Mさん（90点）
- Nさん（100点）
- Oさん（80点）
- Pさん（60点）
- Qさん（70点）
- Rさん（80点）

⑤データをもとに、確率の考え方を使って、日本の中学1年生の平均点を推測する

↓

（⑥）日本の中学1年生の平均点は70〜90点の間である可能性が高い（90％の確率）

> 一方、確率の考え方を使って、限られたデータから結果を推測するのが推測統計ですね！

先ほどと同様、A中学校1年生のテストの得点のデータがあるとしましょう。しかし、今回はただA中学校1年生のテストの得点がどのくらいかを知りたいわけではなく、日本全国の中学1年生のテストの得点がどのくらいであるかを知りたいと思ったとします（①）。もし日本中の中学1年生のテストの得点がわかれば、記述統計の手法を用いることで全国の中学1年生のテストの得点がどのくらいであるかを知ることができるのですが、手元にあるのはA中学校のデータだけなので、これを記述統計にかけたとしても（②）、正確な全国の中学1年生のテストの得点を知ることはできません（③）。かといって、日本中の中学1年生にテストをするのは莫大なコストがかかって不可能です（④）。ではどうすればいいのでしょうか？　このような時に役に立つのが、**確率の考え方**です。確率の考え方を使って、全国の中学1年生の平均点が何点くらいかを推測します（⑤）。実は、データの数がわかれば、全国の中学1年生のテストの得点が**だいたい何点くらいなのか推測する**ことができます。もちろん、限られたデータのサンプルからの推測なので確実な点数を知ることはできませんが、例えば、「平均点が70～90点の間にある確率は90％くらい」など、大まかな当たりをつけることができるのです（⑥）。当然のことながら、**データのサンプルの数が多ければ多いほど、推測の精度は高くなります**。

この他にも、ある傾向について男女で違いがあるかを調べるために数百人のデータによる男女の平均値を比較したり、ある心理療法の効果を調べるために数十人のデータから心理療法を受けたすべての人に対する効果を推測したりするなど、いろいろな場面で用いられます。というより、この**推測統計が心理学の研究で用いられる一般的な統計のイメージに近い**ものと言えるでしょう。

詳しく書くとややこしいのですが、イメージ図にもあるように、**知りたい対象すべてのデータを集めてその特徴を整理してまとめるのが記述統計、一部のデータからより一般的な傾向を推測するのが推測統計**と理解してもらえればいいと思います。これ以降は、主に推測統計の話をしていきます。

7-3　統計的仮説検定

では、推測統計は実際にはどのような手順で行われるのでしょうか？　推測統計で行われる手順のことを**統計的仮説検定**と呼びます。一般的な統計的仮説検定の手順は次のようになります（**イメージ7-3**）。

第7章 統計の種類と統計的仮説検定の考え方

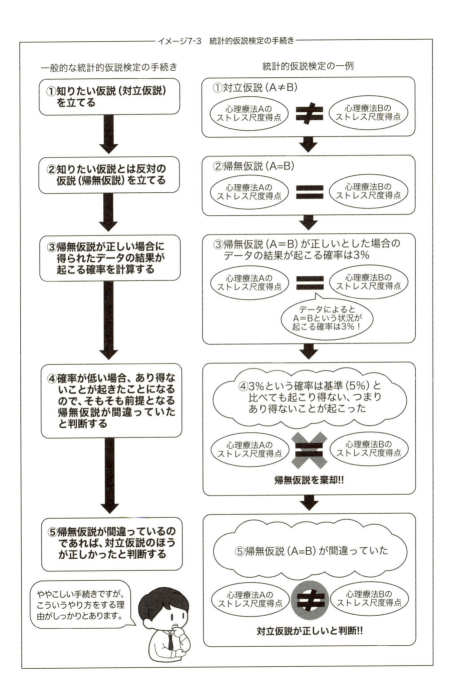

イメージ7-3 統計的仮説検定の手続き

① 知りたい仮説（対立仮説：☞114ページ）を立てる。
② 知りたい仮説とは反対の仮説（帰無仮説：☞114ページ）を立てる。
③ 帰無仮説が正しい場合に得られたデータの結果が起こる確率を計算する。
④ 計算した確率が非常に低かった場合、帰無仮説が正しいとするとデータの状況になることはほとんどあり得ないことになる。あり得ないことは起こるはずがないので、そもそも前提とする帰無仮説が間違っていたと考える。
⑤ 帰無仮説が間違っていたとすると、その反対である対立仮説が正しいと考えられるため、もともと知りたかった仮説が正しいという結論を出す。

これだけではわかりにくいと思うので、よくある例を考えてみましょう。研究者がAという心理療法とBという心理療法でストレスに対する効果に違いがあるのではないかと考えた場合、統計的仮説検定の手順は次のようになります。

① 知りたい仮説（対立仮説）は、「心理療法A実施後のストレス尺度得点と心理療法B実施後のストレス尺度得点に違いがある（A≠B）」となる。
② 帰無仮説は、効果に違いがないということなので、「心理療法A実施後のストレス尺度得点と心理療法B実施後のストレス尺度得点に違いはない（A＝B）」となる。
③ 心理療法A実施後と心理療法B実施後のストレス尺度得点に違いがない（A＝B）とした時に実際のデータの結果が得られる確率を計算したところ、3%だったとする。
④ 一般的には5%を基準とすることが多いので、3%というのは基準よりも低い確率だと言える。つまり、「心理療法A実施後と心理療法B実施後のストレス尺度得点に違いがない（A＝B）」という仮説が正しいとすると、実際のデータのような状況はほとんど起こり得ない。起こり得ない結果となったのは、そもそも「心理療法A実施後と心理療法B実施後のストレス尺度得点に違いがない（A＝B）」という仮説が間違っていたからだと判断する（これを、帰無仮説を「棄却」すると言う）。
⑤ 「心理療法A実施後と心理療法B実施後のストレス尺度得点に違いがない（A＝B）」という仮説が間違っていたとすると、その逆の「心理療法A実施後と心理療法B実施後のストレス尺度得点に違いがある（A≠B）」という仮説が正しい。

このように、知りたい仮説とは逆の仮説を立ててその仮説が間違いであることを示すことで、知りたい仮説が正しいと見なすのが統計的仮説検定の考え方です。

7-4 統計的仮説検定を用いる理由

さて、前節で統計的仮説検定の考え方を見てきましたが、非常に面倒くさいですね。「なぜ知りたい仮説の逆の仮説(帰無仮説)をわざわざ立てるのか？ 最初から知りたい仮説が正しい場合の確率を計算したほうが早いのではないか？」という疑問を持つ人も多いと思います。実はこのような手続きを取ることには、しっかりとした理由があるのです。

先に挙げた例をもう少し考えてみましょう(イメージ7-4)。先ほどの例では、もともと「心理療法A実施後のストレス尺度得点と心理療法B実施後のストレス尺度得

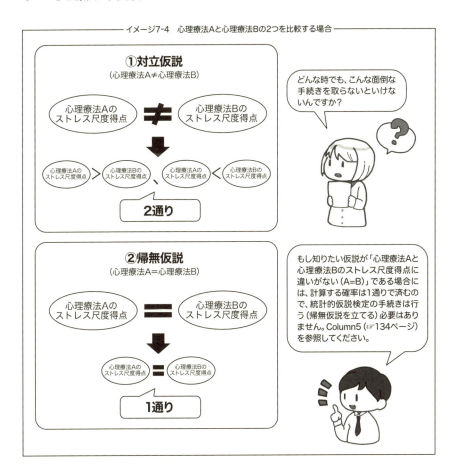

イメージ7-4 心理療法Aと心理療法Bの2つを比較する場合

点に違いがある（A≠B）」という仮説を立てていました。実はこの仮説には大きな落とし穴があります。それは**「違いがある（≠）」**という言葉です。ここでは「違いがある（≠）」の一言で済ませていますが、「違いがある（≠）」という場合、次の2つのケースが考えられます。

①心理療法Aのほうが心理療法Bよりも得点が高い場合（A＞B）。
②心理療法Bのほうが心理療法Aよりも得点が高い場合（A＜B）。

つまり、「心理療法A実施後のストレス尺度得点と心理療法B実施後のストレス尺度得点に違いがある（A≠B）」という状況が起こる確率を知るためには、**「心理療法Aのほうが心理療法Bよりも得点が高い場合（A＞B）」**と**「心理療法Bのほうが心理療法Aよりも得点が高い場合（A＜B）」**という2つの場合の確率を計算して、足し合わせる必要があるのです。2回の計算くらいなら、まだ何とかやってもいいかなと思うかもしれません。しかし、例えば心理療法A、心理療法B、心理療法Cという3つのものを比較する場合はどうでしょうか？（**イメージ7-5**）

①A＞B＞C、②A＞B＝C、③A＝B＞C、④A＞C＞B、
⑤A＝C＞B、⑥B＞A＞C、⑦B＞A＝C、⑧B＞C＞A、
⑨B＝C＞A、⑩C＞A＞B、⑪C＞A＝B、⑫C＞B＞A

このように12通りの場合が考えられます。つまり確率を12回計算する必要があるのです。変数の数が増えれば増えるほど、急激に場合の数も増えるので、非常に面倒です。
では、帰無仮説の「心理療法A実施後のストレス尺度得点と心理療法B実施後のストレス尺度得点に違いはない（A＝B）」の場合はどうでしょうか？

①A＝B

このように**「違いがない（＝）」**状況は、1つしかありません。これは変数（☞27ページ）が増えても同じです。例えば「心理療法A、心理療法B、心理療法Cという3つの心理療法実施後のストレス尺度得点が同じ」という場合も、A＝B＝Cという1

第7章　統計の種類と統計的仮説検定の考え方

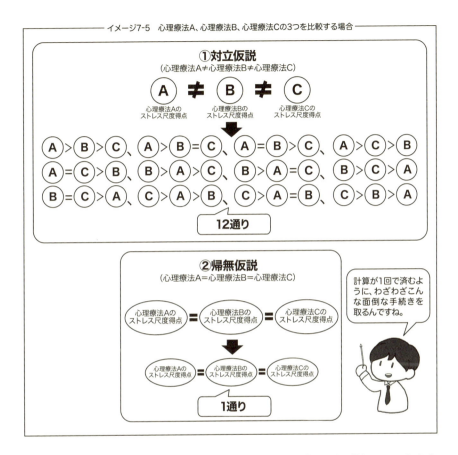

イメージ7-5　心理療法A、心理療法B、心理療法Cの3つを比較する場合

つの場合しかあり得ません。**いくら変数が増えても、帰無仮説の状況は1つしかないのです**。つまり、帰無仮説が正しいかどうかを確かめるための確率の計算は1回だけで済むのです。これこそが、わざわざ帰無仮説を立てるという面倒な手続きを踏む理由です。

7-5　統計的仮説検定と多重比較

さて、統計的仮説検定によって検証した結果、帰無仮説が間違いだとされたとしましょう。「違いがない（＝）」という帰無仮説の反対は「違いがある（≠）」ですが、ここまでの手続きだけでは、**違いがあるのはわかるけれど、どこにどういう違いがあ**

るのかを知ることはできません。つまり、帰無仮説が間違いだとされた場合の結論は、正しくは「(どこにどんな違いがあるのかはわからないが)違いがある」となります。しかし、研究者としてはやはり「いったいどこにどんな違いがあるのか」ということは知りたいところです。この「どこにどんな違いがあるのか」を確かめるための手続きを**多重比較**と言います(イメージ7-6)。

多重比較とは、統計的仮説検定で有意差(☞118ページ)が見られ、条件間で違いがあった場合、どこに違いがあるのかを確かめる方法です。もし条件A、条件B、条件Cという3つの条件(☞28ページ)の間で違いがある場合、起こり得る違いは12通

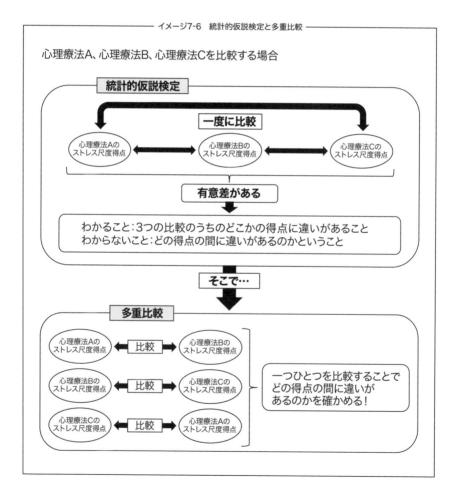

イメージ7-6 統計的仮説検定と多重比較

りの可能性が考えられます。この12通りについて、どこに違いがあるのかを一つひとつ確かめていくのが多重比較です。つまり、**条件Aと条件Bの比較、条件Bと条件Cの比較、条件Cと条件Aの比較を行って、どこに違いがあり、どちらが大きい値なのかを確かめます**。心理療法の種類（心理療法A、心理療法B、心理療法C）によってストレスに対する効果に違いがあるかどうかを確かめたい場合、多重比較では心理療法Aと心理療法Bの比較、心理療法Bと心理療法Cの比較、心理療法Cと心理療法Aの比較を行います。

このように**統計的仮説検定による検証と多重比較がセット**になって初めて、研究者の知りたい仮説をきちんと確かめることができるのです。これをまとめると次のようになります。

①帰無仮説を立ててそれがあり得ないことを検証することで、（どこかはわからないが……）変数の間のどこかに違いがあることを確かめる。
②多重比較によって変数の間のどこに違いがあるかを確かめる。

推測統計ではこの二段構えの手続きを取ることで、何度も繰り返し確率を計算するという面倒な手続きを取らずに研究者の知りたい仮説を確かめることができるようにしているのです。

多重比較でよく知られているものに**テューキーのHSD法**があります。これは、3条件以上の分散分析（☞151ページ）で有意差が出た時に、どの条件間で違いがあるかを調べるものです。上の心理療法の例でいくと、イメージとしては心理療法Aと心理療法B、心理療法Bと心理療法C、心理療法Cと心理療法Aのそれぞれに対してt検定を行って違いを見るようなものです。多重比較の結果、有意差が出た部分が違いがある箇所だと言うことができます。

なお、χ^2検定（☞161ページ）の場合は残差分析（☞166ページ）など、用いた統計手法によって多重比較のやり方も違うので、注意しておいてください。

Column 5

等しいことを言いたい時は？

　第7章では、変数間に「違いがある（≠）」ことを確かめるために、逆の仮説である「違いがない（=）」という帰無仮説を立て、それが誤りであることを証明するという**統計的仮説検定**の考え方について紹介しました。

　一般的に変数を比較する場合には、変数の間に「違いがある（≠）」ことを確かめたい場合が多いです（例えば、2つの心理療法の効果に違いがあることを確かめたいとか、ある傾向について男女で違いがあることを確かめたいとか）。だからこそ、場合が1つしかない「違いがない（=）」という帰無仮説をわざわざ立てて、検討する必要がありました。

　とするならば、ここで1つ疑問がわいてきます。**もともと「違いがない（=）」ことを確かめることを目的としている場合には、わざわざ帰無仮説**（この場合は「違いがある（≠）」）**を立てる必要があるのでしょうか？**

　結論から言えば、**「違いがない」ことを確かめることが目的である研究の場合は、帰無仮説を立てる必要はありません**。なぜなら、第7章（☞123ページ）で話したように、**帰無仮説は場合分けを必要とする時に、1回で計算が済むようにするためのもの**だからです。もし、もともと「違いがない」ことを確かめたい場合に対立仮説を立てるとすると、帰無仮説では「違いがある」ことを確かめることになり、多くの場合分けをする必要が出てきます。これでは本末転倒ですね。

　このように、**もともとの目的が「違いがない」場合は確率の計算は1回で済むので、多くの場合を考えなければならない帰無仮説をわざわざ立てる必要はありません。**何のための帰無仮説かを知っておくと、変な間違いをしなくて済みますね。

第8章 t検定

8-1 t検定とは

　違い（☞70ページ）を見るための統計手法の中で非常によく用いられるのが**t検定**と**分散分析**です。これらは心理統計で最も代表的な統計手法と言えます。第8章と第9章では、このt検定と分散分析について少し詳しく解説していきたいと思います。まずはt検定から見ていくことにしましょう。

　t検定は、従属変数（☞31ページ）が間隔尺度以上で、変数（☞27ページ）の間の違いを知るための統計手法の中でも、特に独立変数（☞31ページ）の条件（☞28ページ）が2つの時に用いられます。

　つまり、t検定の特徴は次のようになります。

①違いを見る
②従属変数が間隔尺度・比例尺度
③独立変数の条件数は2つ

　研究目的で見ると、「条件Aと条件Bという2つの条件の間の得点に違いがあるかどうかを知りたい」場合に用いる統計手法と言えます。

　さて、推測統計では判断の基準となる値（☞26ページ）とデータ（☞26ページ）から計算される値（検定統計量：☞116ページ）を比較して、帰無仮説が間違いであることを確かめる手続きを取るわけですが、このt検定の検定統計量であるt値はどのような計算式で算出されるのでしょうか？　t値の計算式は、次のようなものです。

$$t = \frac{|\bar{x}_1 - \bar{x}_2|}{\sqrt{\frac{n_1 \sigma_1{}^2 + n_2 \sigma_2{}^2}{n_1 + n_2 - 2}\left(\frac{1}{n_1} + \frac{1}{n_2}\right)}}$$

＊数式の$\bar{x}$はxの平均値、σは標準偏差、nはデータ数を表します。

これだけ見ても単にアルファベットと数字が並んでいるようにしか見えず、全然意味がわからないという人もいると思います。イメージを利用してもう少し説明をしてみましょう。

8-2　t検定のイメージによる理解

　t検定は2つの条件の間に違いがあることを確かめるために行われる統計手法ですが、まず前提としてイメージしてほしいのは、「2つの条件の違い」とは2つの部分から構成されているということです（イメージ8-1）。図の全体の長方形が「2つの条件の違い」に影響するすべてのものを表しています。この「2つの条件の違い」は次の2つの部分に分けられます。

① 条件間の違いの大きさ：研究者が見たいと考えている要因の影響の部分。研究者が違いがあると考えている2つの条件（☞28ページ）の間にどのくらいの大きさの違いがあるかを表す。
② データの誤差（個人差）：①以外の影響の部分であり、研究者が想定している要因以外の影響の部分。

　まず、「①条件間の違いの大きさ」とは、研究者が研究を通して知りたいと考えている要因の影響の部分です。t検定は「2つの条件の間で違いがあるかどうか」を知るためのものなので、2つの条件の「条件間の違いの大きさ」が研究者の知りたい影響の部分となります。そして、この「条件間の違いの大きさ」が大きければ大きいほど、研究者が想定する「2つの条件の違い」があると主張しやすくなるので、「条件間の違いの大きさ」は大きければ大きいほうが望ましいと考えられます。
　次に、「②データの誤差（個人差）」とは、研究者が見たいと考えている「①条件間の違いの大きさ」以外に、2つの条件の間の違いに影響を与える要因です。例えば、研究参加者の性別や年齢、これまでの環境や家族関係など、研究で扱っていないさまざまな要因が条件の間の違いに影響を与えている可能性があります。これらの研究で扱わない個々の研究参加者の事情による影響のことを「データの誤差」（☞34ページ）、または個人差と言います。この「データの誤差」や個人差が少ないほうが、研究者が知りたいと考えている要因の影響を純粋に見ることができるので、「デー

第8章 t検定

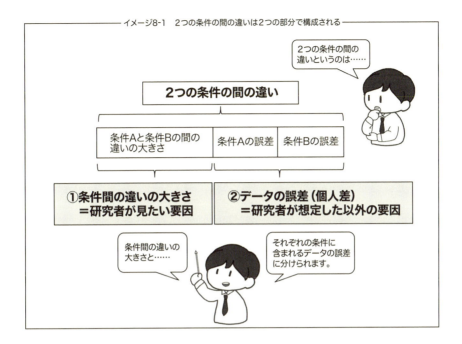

イメージ8-1　2つの条件の間の違いは2つの部分で構成される

タの誤差」は少なければ少ないほうが望ましいと考えられます。

　このように2つの条件の違いは、研究者が見たい「①条件間の違いの大きさ」と、研究者が想定した以外の「②データの誤差(個人差)」という2つのものの影響を受けているのです。イメージ8-2には、条件Aと条件Bという2つの条件による集団がグラフで示されています。ここではわかりやすいようにきれいなグラフを使っていますが、実際はこんなにきれいなグラフにはならないでしょう。あくまでイメージ図と思ってください。このグラフの中に太矢印で「ここ」と書いてあるところが2か所ありますね。2つの条件の違いを構成する「①条件間の違いの大きさ」と「②データの誤差(個人差)」はこの部分になります。

8-3　具体例を用いたt検定の理解

　具体的な例があったほうがわかりやすいと思うので、ここからは「心理療法Aを行った場合と心理療法Bを行った場合で、ストレス尺度得点に違いがある(ストレスへの効果に違いがある)かどうかを調べる研究」を例に考えてみます(イメージ8-3)。も

第Ⅱ部 心理学でよく用いられる統計手法

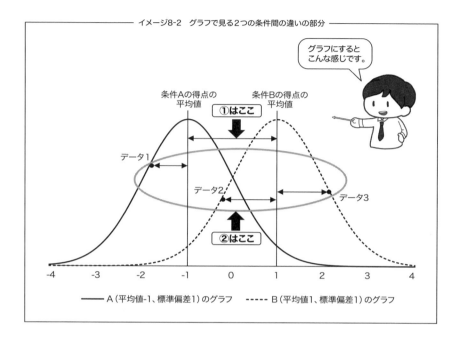

イメージ8-2 グラフで見る2つの条件間の違いの部分

　ちろん、研究者は一方の心理療法のほうが他方よりも効果的である（2つの心理療法の間でストレスへの効果に違いがある）ことを期待しています。

　では、**2つの条件間の違いを構成する2つの部分**について具体例を見てみましょう（イメージ8-4）。この場合も条件間の違いは次の2つの部分に分かれます。

　1つ目は**条件間の違いの大きさ**の部分です。具体例では**心理療法A（条件1）の効果と心理療法B（条件2）の効果の違い**になります。これは**心理療法Aのストレス尺度得点の平均値**（☞54ページ）**と心理療法Bのストレス尺度得点の平均値の間の距離**で表されます。イメージ8-4では、「**心理療法Aと心理療法Bのストレス尺度得点の違いの大きさ**」の矢印の始点にある両矢印がこれに当たります。

　2つ目は**各データの誤差（個人差）**の部分です。同じ心理療法を受けたからと言って、すべての人に同じだけの効果があるわけではありません。ストレスが下がりやすい人もいれば、下がりにくい人もいます。また、研究で取り扱っていない要因による影響もあるかもしれません。例えば、ある人が心理療法Aを受ける直前に身内を亡くしたとすると、そのせいでストレス尺度得点が高くなる可能性もあります。このような**研究者が想定している要因以外の影響**のことを誤差と呼びます。そし

第8章　t検定

イメージ8-3　具体例のイメージ

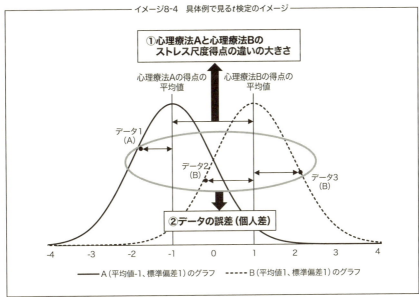

イメージ8-4　具体例で見るt検定のイメージ

て、各データ(データ1、データ2、データ3)はそれぞれに誤差の影響を受けているのです。これは**イメージ8-4**で言えば、真ん中の丸で囲まれている部分です。矢印と

第Ⅱ部　心理学でよく用いられる統計手法

グラフが重なるところにデータがあると考えてください。ここでは3つのデータが示されています。**データ1は心理療法Aのデータに、データ2とデータ3は心理療法Bのデータ**に含まれます。この部分が**データの誤差（個人差）**に当たるもので、**各心理療法の平均値とその心理療法に含まれるデータの間の距離**で表されます。

これらをまとめると、次のようになります。

① **心理療法Aと心理療法Bのストレス尺度得点の違いの大きさ**：心理療法Aのストレス尺度得点の平均値と心理療法Bのストレス尺度得点の平均値の間の距離で表される。
② **データの誤差（個人差）**：各心理療法の平均値とその心理療法に含まれるデータの間の距離で表される。

t検定だけでなく、分散分析もこの考え方が基本となります。ここがイメージできればt検定の理解も分散分析の理解も楽勝です。

8-4　t検定の数式による理解

さて、「2つの条件の違い」の構造についてイメージできたところで、数式に戻りましょう。改めて数式を見てみると、この数式も2つの部分、つまり**分子**（数式の上の部分）と**分母**（数式の下の部分）に分かれていることがわかります（イメージ8-5）。

数式の**分子**は独立変数の**「2つの条件の平均値の差」の絶対値**になっています。これは実は、先ほど説明した2つの影響のうちの、研究者が知りたい要因の影響を示す**「①条件間の違いの大きさ」**を表しています。

対して、数式の**分母**は、「各条件の平均値とデータの値との間の距離」を平均したものになります。ここで、「平均値とデータとの間の距離」とは標準偏差（☞61ページ）のことでしたね。つまり、分母の部分は**データの標準偏差の平均値**になっています（実際には単純な平均値ではなく、修正が加えられているのですが、イメージとしてはデータの標準偏差の平均値と考えるとわかりやすいです）。**データの標準偏差の平均値**とは、**データ全体を見た時の1人当たりの平均値からのズレ**を意味します。もうおわかりかと思いますが、これは2つの影響のうちの研究者が知りたい要因以外の影響を示す**「②データの誤差（個人差）」**に当たります。

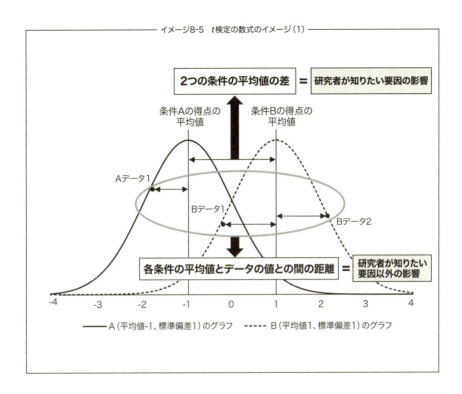

つまり、t値を計算する数式は、次のようなことを意味しているのです。

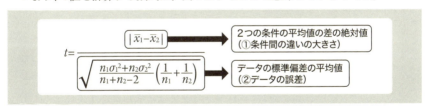

以上をまとめたのが**イメージ8-6**です。t検定において違いがあるかどうかを判断する指標であるt値とは、「①条件間の違いの大きさ」を「②データの誤差（個人差）」で割ったもの、つまり、「①条件間の違いの大きさ」の影響（研究者が知りたい要因の影響）と「②データの誤差（個人差）」の影響（研究者が知りたい要因以外の影響）の比率を意味しています。これは、「①研究者が知りたい影響の大きさ」と「②研究者が知りたい要因以外の影響の大きさ」の割合を比べたものと言えるのです。

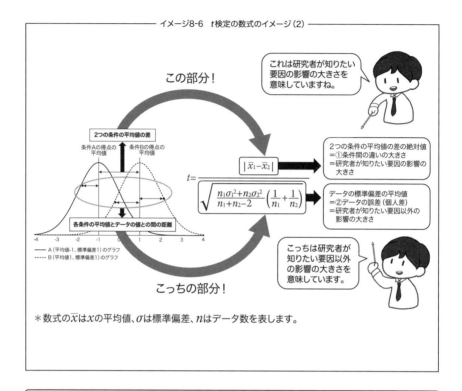

8-5 どうなったらはっきり違いがわかる？

さて、ここで1つ疑問が浮かんできます。数式の一つひとつの部分や t 値の意味はイメージできたとして、**どうしてその数式で2つの条件の違いがあるかどうかがわかるのでしょうか？** せっかく数式が何を意味しているのかを理解しても、それでどうして2条件間の違いの有無がわかるのかについてわからなければ不十分でしょう。そこで、この数式からどうして2つの条件間の違いの有無がわかるのかについて考えてみたいと思います。

前節でお話ししたように、t 値の数式は2つの部分に分かれます。ここで、それぞれの部分が大きい場合と小さい場合にどのようなグラフになるかを考えてみましょう（イメージ8-7）。「①条件間の違いの大きさ」は2つの条件の平均値の差で、「②データの誤差（個人差）」はデータの標準偏差の平均値で表されます。ここでは、2つの条件の平均値の差が大きい場合はその差が5、小さい場合はその差が2として

考えてみましょう。同様に、データの標準偏差の平均値は、大きい場合が2.5、小さい場合が1とします。すると、「①条件間の違いの大きさ」と「②データの誤差（個人差）」の大小で、**4つのパターン**が考えられます。

①平均値の差が大きく（5）、標準偏差が小さい（1）場合。
②平均値の差が小さく（2）、標準偏差も小さい（1）場合。
③平均値の差が大きく（5）、標準偏差も大きい（2.5）場合。
④平均値の差が小さく（2）、標準偏差が大きい（2.5）場合。

イメージ8-7を見てもらうと、2つの条件のグラフが重なっているところに線が入っていますよね。この部分は、**2つの条件のデータが混在している**、いわゆるグ

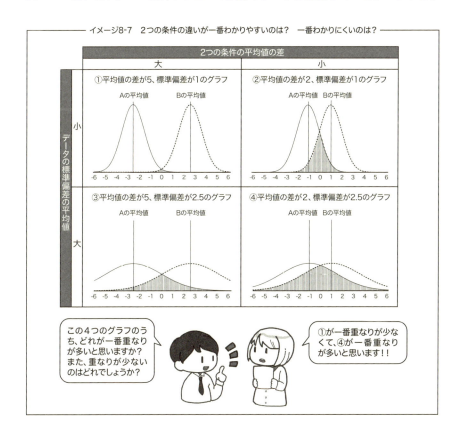

レーゾーンの部分です。グレーゾーンの部分が大きいということは、白黒がはっきりしない、つまり２つの条件の間で違いがあるかどうかがはっきりしないことを意味します。逆に、このグレーゾーンの部分が少なければ少ないほど、つまり白い部分が多ければ多いほど、２つの条件ははっきり違うと言えます。

では、４つのグラフを見比べてみてください。どのグラフが一番はっきりと２つの条件が違うと言えるでしょうか？　また、どのグラフが一番グレーゾーンが多いでしょうか？

一番違いがはっきりしていそうなのは、①のグラフですね。逆に、**一番グレーゾーンが多いのは、④のグラフ**です。②と③は微妙で、①と④の間にある感じです。では、最も違いが明確な①のグラフ、そして最も違いがはっきりしない④のグラフはどんな特徴を持っているのでしょうか？　①のグラフは平均値の差が大きく、標準偏差が小さいグラフですね。④のグラフは逆に、平均値の差が小さく、標準偏差が大きいグラフです。これらのことから、**平均値の差が大きければ大きいほど、標準偏差が小さければ小さいほど、２つの条件には違いがある**と言えそうです。

8-6　t検定の数式の意味

では、もう一度数式に戻ってみましょう（イメージ8-8）。

数式は**平均値の差が分子、標準偏差の平均値が分母**でしたね。算数の中の分数で習ったと思いますが、**分子はその値が大きくなるほど数値は大きくなり**（1/3＜2/3）、**分母はその値が大きくなるほど数値は小さくなります**（1/2＞1/3）。

ということは……そうです。t値というのは次のような特徴を持つのです。

①２つの条件の平均値の差が大きければ大きいほど、t値は大きくなる。
②データの標準偏差の平均値が小さければ小さいほど、t値は大きくなる。

そして、前節で見たように、次のようなことが言えます。

③２つの条件の平均値の差が大きければ大きいほど、２条件の間に違いがあると言える。
④データの標準偏差が小さければ小さいほど、２条件の間に違いがあると言える。

第8章 t検定

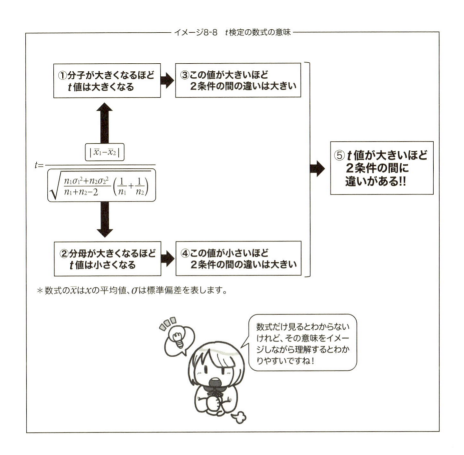

これらのことから、

⑤t値が大きいほど、2つの条件の間に違い(有意差：☞118ページ)があると言える。

　つまり、逆に言えば、**2つの条件の間に違いがある可能性が高くなればなるほどt値が大きくなるように、t値の数式が作られている**のです。そして、このような数式になっているからこそ、t検定を行うことで2つの条件の間の違いがあるかどうかを検討することができるのです！
　数式を見ると難しそうですが、数式が意味していることをイメージでき、その意味が理解できれば、統計は恐るるに足りないのです。

Column 6
対応のないt検定と対応のあるt検定

　第8章ではt検定の数式が何を意味しているのかについて見てきました。このコラムでは、t検定の中の**対応のないt検定と対応のあるt検定の違い**について紹介したいと思います（**イメージC6-1**）。

　対応の有無については第2章（☞25ページ）の用語や第4章（☞65ページ）を見てもらえればと思いますが、簡単におさらいをすると、**対応とは比較する対象が同じ特徴を持つこと**でした。比較する対象が同じ特徴を持っていない場合は対応なし、比較する対象が同じ特徴を持っている場合は対応ありとなります。では、この対応がない場合と対応がある場合でいったい何が違うのでしょうか？

　対応がある、つまり同じ特徴を持っているということは、言い換えると、**誤差（個人差）が小さい**ことを意味します。対応がある場合は、①同じ研究参加者が繰り返し実験・調査を受ける場合、②同じ研究参加者が異なる複数の対象や条件について実験・調査を受ける場合、③似たような特徴を持つ研究参加者をペアにして扱う場合の3つの場合がありましたね。①や②のような**同じ人が繰り返し対象になる場合**は、当然、**誤差や個人差は考慮に入れる必要はなくなります**。まったく同じ人なのですから、誤差や個人差になり得る年齢や性別、知能や体力、学歴や親の養育態度、その他諸々の条件は同じになります。また、ある特徴を持つ人をペアにする場合、同じ人を対象にする場合ほどではありませんが、少なくとも**ペアにする上で基準にした条件については同じ**になるため、まったく無作為に対象を割り当てた場合に比べると、誤差や個人差は小さくなります。

　ここで、t検定の数式に戻ってみましょう（☞135ページ）。t検定の**分母に当たる部分が誤差（個人差）を表し、この値が小さくなればなるほど、比較する2つの条件の間に違いがある**と言えました。ということは、対応がある場合は対応がない場合よりも2つの条件の間に違いがあると言いやすい（有意差が出やすい）はずです。対応がある場合に用いるt検定とは、このような状態に合わせ

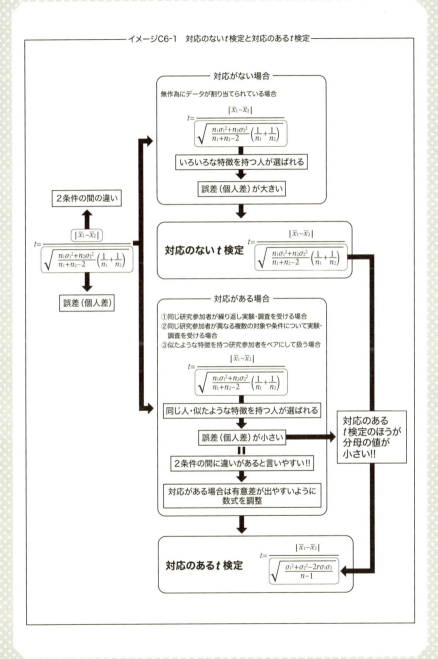

イメージC6-1　対応のないt検定と対応のあるt検定

るために、**対応のないt検定よりも2つの条件の間に違いがあると言いやすいように修正を施されたもの**なのです！　これは、**対応のあるt検定とは対応のないt検定よりもt値が大きくなりやすく、有意差が出やすいように修正された数式**と言うこともできます。

　逆に考えると、本当は対応があるのに対応のないt検定を用いたとすると、本当は2つの条件の間に違いがあるはずなのにそれを見逃してしまう可能性があるのです。自分が行っている研究が対応があるのかどうかをきちんと判断し、対応がある場合は対応のあるt検定を用いなければ、せっかくの研究成果が台無しになってしまうことがあるので注意してください。これは第9章で**紹介する分散分析の場合も同様**のことが言えます。

Column 7

統計研究は客観的か？(1)
解釈における主観性

　統計に関してよく言われることに、統計は**「客観的」**だというものがあります。中には、「統計こそが客観的な手法だから、統計を使わない論文は客観的な研究として認めない」という意見すら耳にすることがあります。確かに、結果が数値という明確な形で表されることもあり、統計手法を用いると何となく客観的な研究という気がします。けれども、統計を用いた研究は、本当に客観的な研究なのでしょうか？

　実は、**統計を用いる研究にも、かなり研究者の主観が入り込む余地があります**。その1つが**結果の解釈**です。研究ではある目的に従ってデータを取り、そのデータを分析することで、何らかの結果を導き出します。このデータから結果を導き出すための方法の1つに統計があります。自由記述やインタビューを分類・分析するKJ法などでは分類をする段階で研究者の主観が入り込みますが、統計を用いて分析する場合には**データを統計ソフトにかけて結果の値を計算する手続きには基本的に研究者の主観が入り込む余地はありません。データと分析手法が同じであれば、いつ、誰が、どこで統計処理を行っても、同じ結果**になります。その意味では**データを計算・分析する方法としては統計は客観的な方法**と言えるでしょう。けれども、**出てきた結果をどのように解釈するのか**、つまり論文で言えば考察の部分では研究者の主観が入り込んでくるのです。

　例えば、ある心理療法を行った前後でストレス尺度得点の変化を調べたところ、変化がなかったという結果になったとしましょう。**データと分析方法が同じであれば、誰が分析をしても結果の値は同じ**になります。しかし、どうしてそのような結果になったのかという**結果の意味づけは研究者によって異なる**可能性があります。ある研究者は「効果のない心理療法だった」と結論づけるかもしれませんし、ある研究者は「本当は効果的な心理療法だけれど、セラピストの腕が悪かったから効果が出なかったのだ」と結論づけるかもしれ

ません。また、ある研究者は「効果はあるけれど、研究参加者の数が少なすぎたから有意差が出なかっただけ」と結論づけるかもしれませんし、別の研究者は「効果に影響を及ぼす別の要因があって、それが効果を相殺したため効果がないように見えるだけ」と結論づけるかもしれません。これらの考察のいずれが正しいかをこの結果だけから確かめることはできません。あくまで、**研究者が「こうだと思う」という主観的な考えから結論を出すしかない**のです。

　では、解釈には主観性が入るからといって、結果に関して研究者が好き勝手に解釈をしていいのでしょうか？　そうではありません。ここで大事になってくるのが**論理性**です。**それまでの研究との間の整合性**や多くの人が納得できるような**論理の一貫性**など、その結論が妥当であることを示す論理性こそが研究者の主観である結果の解釈に対する客観性を高めることになります。**統計を用いるから客観的な研究なのではなく、統計により導かれた結果をいかに論理的・客観的な形で意味づけるか**ということこそが大切なのです。

第9章 分散分析

9-1 分散分析とは

　第9章では、第8章で見たt検定と同様に、**従属変数**（☞31ページ）が間隔尺度以上で、**条件**（☞28ページ）**の間の違いが知りたい**（差の検定）**時に使われる統計手法**である**分散分析**について説明します。分散分析は、従属変数が間隔尺度以上で、条件間の違い（☞70ページ）を知りたい時に用いられる統計手法で、**独立変数**（☞31ページ）の**条件数**（☞28ページ）**はいくつであってもかまいません**。つまり、従属変数が間隔尺度以上であれば、**基本的にはどんな場合にでも使える**方法です。よく統計の授業で、条件が2つの時にt検定を用いて、条件が3つ以上の時は分散分析を用いると習ったという人がいると思いますが、**条件が2つの時でも分散分析を用いることはできますし**、この場合、t検定の結果と分散分析の結果は同じになります。

　分散分析の特徴をまとめると、次のようになります。

①違いを見る
②従属変数が間隔尺度・比例尺度
③独立変数の条件数は2つ以上（いくつでもOK）

　ですから、**従属変数が間隔尺度・比例尺度で条件間の違いを見たい場合は、とりあえず分散分析をしておけば間違いはありません**。

　分散分析の数式も見てみましょう。分散分析の検定統計量（☞116ページ）は**F値**という値です。F値を計算する式は、次のようなものです。

$$F = \frac{\frac{SS_A}{k-1}}{\frac{SS_E}{k(n-1)}}$$

＊ $\frac{SS_A}{k-1}$は条件間の分散（研究者が知りたい効果）を、$\frac{SS_E}{k(n-1)}$は誤差の分散を表します。

第Ⅱ部　心理学でよく用いられる統計手法

　t検定の時と同様、数式だけ見てもワケがわからないと思いますが、実はt検定の数式の意味が理解できていれば、分散分析の数式の意味を理解するのは難しくありません。実際のところは、t検定と分散分析は計算の仕方は違いますが、やろうとしていることはまったく同じことなのです。

9-2　分散分析のイメージによる理解

　t検定で「条件間の違い」を構成する2つの部分を考えたように、分散分析でも「①条件間の違いの大きさ」と「②データ（☞26ページ）の誤差（☞34ページ）」の2つの影響を想定しています。t検定では、「①条件間の違いの大きさ」が「2つの条件の平均値（☞54ページ）の差」の絶対値、「②データの誤差」が「データの標準偏差（☞61ページ）」で計算されていました。分散分析の場合は、どうなるのでしょうか？

　分散分析は独立変数の条件数がいくつでもいいので、要因（☞27ページ）や水準（☞28ページ）の数もいくつであっても利用できます。そこで、今回はあまり複雑にせずに、要因が1つ、水準が3つの場合を考えてみましょう。

　イメージ9-1を見てください。「②データの誤差」についてはt検定の時と同じです。グラフの数は増えていますが、**各条件の「データと平均値の間の距離」**を見ることで計算できます。ところが、t検定と違って「①条件間の違いの大きさ」を示す「2つの条件の平均値の差」の値が3つもあります。つまり、「条件Aと条件B」「条件Bと条件C」「条件Aと条件C」の3つの平均値の差ですね。これでは3つのうちのどれを「①条件間の違いの大きさ」と考えていいのかわかりません。

　分散分析では見方を変えて、**3つの条件に含まれるすべてのデータをもとに1つの大きなグラフ（全体のグラフ）**を考えてみます（イメージ9-2）。イメージ9-2で言うと、一番大きなグラフですね（このグラフは正確なものではなく、あくまでイメージです）。この**全データの平均値**をもとに「①条件間の違いの大きさ」を3つの部分に分けて考えます。つまり、全データの平均値と条件Aの平均値の間の「条件間の違いの大きさ」、全データの平均値と条件Bの平均値の間の「条件間の違いの大きさ」、全データの平均値と条件Cの平均値の間の「条件間の違いの大きさ」です。見にくいので条件Aの部分だけを見ましょう（イメージ9-3）。全データの平均値と条件Aの平均値の間の両矢印が**条件Aの**「**条件間の違いの大きさ**」を表します。これは「**条件Aの平均値と全データの平均値の間の距離**」になります。

第9章　分散分析

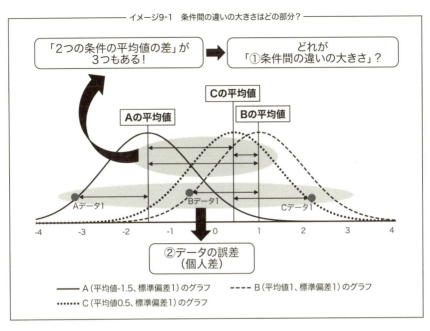

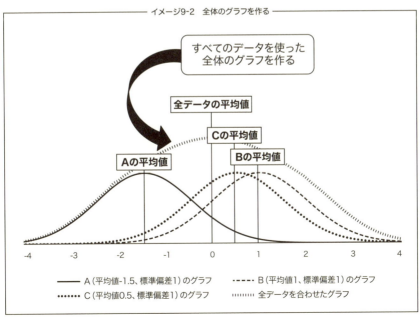

第Ⅱ部　心理学でよく用いられる統計手法

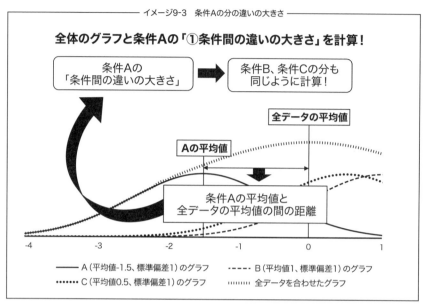

イメージ9-3　条件Aの分の違いの大きさ

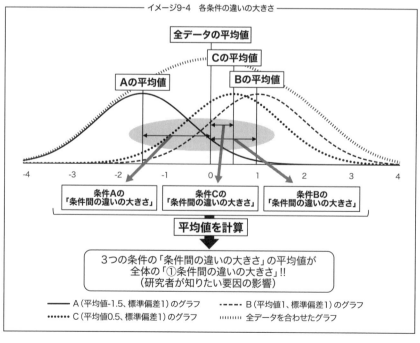

イメージ9-4　各条件の違いの大きさ

最後に、**イメージ9-4**を見てください。条件Aと同様に、「**条件Bの平均値と全データの平均値の間の距離**」が条件Bの「条件間の違いの大きさ」に、「**条件Cの平均値と全データの平均値の間の距離**」が条件Cの「条件間の違いの大きさ」になります。そして、これら3つの「条件間の違いの大きさ」の平均値が、全体の「**①条件間の違いの大きさ**」、つまり**研究者が知りたい要因の影響を表す部分**になります。

9-3　分散分析の数式による理解——分子の部分

　分散分析における「①条件間の違いの大きさ」についてのイメージはできたでしょうか？　では、数式に照らし合わせて見てみましょう。分散分析は次のような数式でした。

$$F = \frac{\dfrac{SS_A}{k-1}}{\dfrac{SS_E}{k(n-1)}}$$

＊ $\dfrac{SS_A}{k-1}$ は条件間の分散（研究者が知りたい効果）を、$\dfrac{SS_E}{k(n-1)}$ は誤差の分散を表します。

　まずは、前節で見た「①条件間の違いの大きさ」について、その計算法を見てみましょう。分散分析では、「①条件間の違いの大きさ」は「**各条件の平均値と全データの平均値の間の距離**」をもとに計算されます（**イメージ9-5**）。数式では、**分子**（上側）の部分です。数式にある SS_A は、すべての条件の「条件の平均値と全データの平均値の間の距離」を足し合わせたものになります。また、SS_A を割っている $k-1$ は、（厳密には違いますが）条件数になります。これは「**条件の平均値と全データの平均値の間の距離**」の平均値ですね。ここで、「条件の平均値と全データの平均値の間の距離」が何を表しているかというと、各条件の平均値が全データの平均値からどのくらいズレているかということです。その平均値ということは、分子の部分は、**条件の平均値1つ当たりの「全データの平均値からのズレの距離」**を表していることになります。

　ところで、**データ1つ当たりの「データの平均値からのズレの距離」**のことを**分散**（☞54ページ）と言いました。この表現、分子の部分と似ていますね。「データ」を「条件の平均値」に、データの平均値を「全データの平均値」に置き換えると、分子の部分の説明になります。このことから、**分子の部分は、全データの平均値からの**

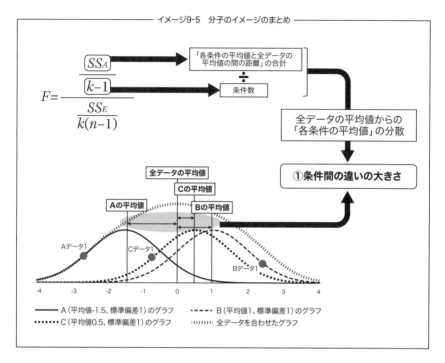

「各条件の平均値」の分散（バラつき）と言えます。つまり、分散分析における「①条件間の違いの大きさ」とは、「各条件の平均値の分散」を意味しているのです。

9-4　分散分析の数式による理解——分母の部分

次に、「②データの誤差」についてはどうでしょうか？（イメージ9-6）　これは、数式の**分母**（下側）の部分に当たります。この部分は、t検定と同様、分散分析の場合も「**各条件に含まれるデータと条件の平均値の間の距離**」をもとに計算します。数式にある SS_E は「**各条件に含まれるデータと条件の平均値の間の距離**」の合計です。$k(n-1)$ は条件数と各条件に含まれるデータ数を表しているので、簡単に言うと、全条件に含まれる「**すべてのデータ数**」と言えます。つまり、分母の部分は「各条件に含まれるデータと条件の平均値の間の距離」の平均、すなわち「**各データの分散**」と言うことができます。

これらをまとめると、次のようになります。

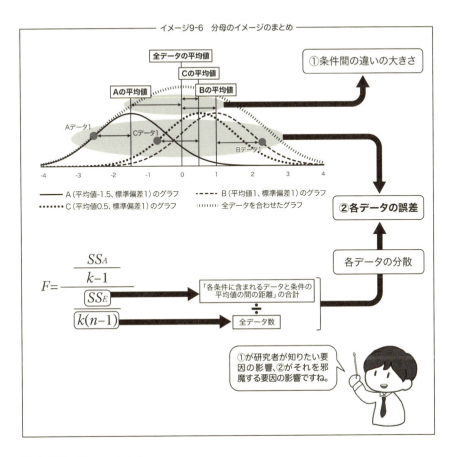

①条件間の違いの大きさ
　=「各条件の平均値と全データの平均値の間の距離」の合計（SS_A）を条件数で割る
　=「各条件の平均値の分散」（数式の分子の部分）
②データの誤差
　=「各条件に含まれるデータと条件の平均値の間の距離」の合計（SS_E）を全データ数で割る
　=「各データの分散」（数式の分母の部分）

これを数式に当てはめてみると、次のようになります（**イメージ9-7**）。

第Ⅱ部　心理学でよく用いられる統計手法

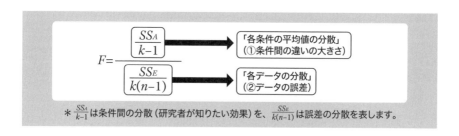

* $\frac{SS_A}{k-1}$ は条件間の分散（研究者が知りたい効果）を、$\frac{SS_E}{k(n-1)}$ は誤差の分散を表します。

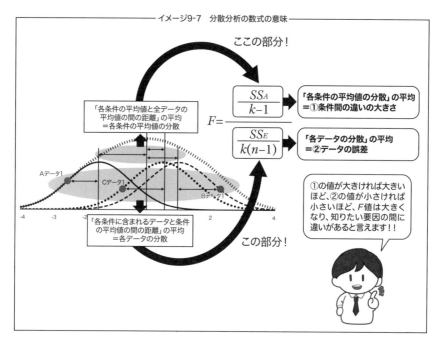

イメージ9-7　分散分析の数式の意味

　これを見てわかるように、分散分析も t 検定と同様、「①条件間の違いの大きさ」の影響と「②データの誤差」の影響の比率を計算しているのです。そして、「①条件間の違いの大きさ」の値が大きければ大きいほど、「②データの誤差」の値が小さければ小さいほど F 値は大きくなり、**各条件の得点の間に違いがあると言いやすくなる**のも t 検定の場合と同じです。ただ、t 検定の場合は平均値と標準偏差を用いて「①条件間の違いの大きさ」と「②データの誤差」の比率を計算していましたが、分散分析の場合は**分散**という指標を用いてこれを行います。これが分散分析という名前の由来です。

158

Column 8

統計研究は客観的か？（2）
なぜ有意水準は5%なのか

「Column 7　統計研究は客観的か？（1）」（☞149ページ）では、**結果の解釈に研究者の主観が入り込む**ことを話しました。では、結果を導き出す統計の手続きの中には主観が入り込む余地はないのでしょうか？　実は、統計の手続きの中にも主観が含まれる部分があります。それは**「判断基準」**です。

統計的仮説検定（☞126ページ）を行う際の判断基準は**p値**（☞118ページ）**の生じる確率が5%より小さい**かどうかでした。この5%という判断基準はどこから出てきたのでしょうか？　**CowlesとDavis**は、1982年の「**統計的有意性における.05水準の起源**」という論文[注4]でこの問題を取り上げています。この論文によると、**5%の有意水準**（☞117ページ）**を初めて公的に示したのは**、分散分析で有名な**Fisher**の1925年の**『研究者のための統計法』**という本[注5]でした。この本では5%という値の根拠として「**標準偏差の±2倍**（偶然にこの値より大きくなる確率は約4.56%）」という基準が挙げられています[注6]。これをキリのいい数にして5%となり、Fisherがこの5%を公的な基準とすると決めたことで5%が有意水準となりました。

この本で数学的に5%という値を取ることになった起源は示されましたが、「なぜ、偶然ではないと判断する基準が標準偏差の2倍（5%）なのか？」という**5%という値の妥当性**については疑問が残ります。この疑問について、Cowlesらは、**確率とは将来の出来事を予測するために使われる過去の経験に基づいた個人的な認識**（これを**主観的確率（subjective probability）**と言います）であり、**結局は多くの人が5%以下でしか起こらないことを珍しいと感じるかどうかが判断基準である**と結論づけています。Fisherの提言以後、Q検定のCochranやt検定の生みの親のGosset、相関分析で有名なPearsonらそう

注4）　Cowles, M. & Davis, C. (1982) On the origins of the .05 level of statistical significance. *American Psychologist*, 37(2), 553-558.
注5）　Fisher, R.A. (1925) *Statistical methods for research workers*. Edinburgh: Oliver & Boyd.
注6）　さらに以前は「確率誤差（probable error）の3倍（約3%が含まれる）以上」という基準が用いられていました。

そうたる人々が議論を重ねた結果、**実践的に言っても社会的な出来事や心理的な出来事に関しては5％が妥当**という結論となりました。確率に関する長い議論の歴史の中で作られてきた、**人々の「少なくとも5％以下でしか起こらないことであれば、偶然では片づけられないだろう」という感覚の共有が、5％以下を有意水準とするという「慣習」を生み出した**と言えます。これは**5％という基準は客観的な指標というわけではなく、多くの人が珍しいと感じるという主観的な感覚に基づくもの**であることを意味します。だからこそ、厳しく判断したいと思う場合は1％を基準にするという選択の自由度があるのです。

　このように、統計を使ったからといって客観的な研究だというわけではなく、統計の手続きの中にも外にも研究者の主観が入り込む余地があるのです。特に、**結果の判断や解釈には必ず研究者の主観が入り込んできます**。本当に統計に詳しい人は統計を使いさえすれば客観的な研究だと考えることはありません。**統計の利点と欠点をきちんと理解している人こそが、本当に統計を理解している人**と言えます。**統計研究は客観的だと盲信**するのではなく、統計の主観的な部分と客観的な部分を理解した上で統計の結果を**論理的に解釈する**ことで、本当の意味で誰もが納得できる「客観的な研究」になるのではないでしょうか。

第10章 χ²検定

10-1 χ²検定とは

　χ²と書いて**カイジジョウ**と読むχ²検定ですが、これも**違いを見る**ための統計手法です。では第8章、第9章で紹介したt検定や分散分析と何が違うかというと、**従属変数**(☞31ページ)**が名義尺度**だという点です。ですから、χ²検定の特徴をまとめると次のようになります。

① 違いを見る
② 従属変数が名義尺度
③ 独立変数の条件数は2つ以上(いくつでもOK)

　条件数はいくつでも利用できるので、**違い**が見たくて、**従属変数が名義尺度**の場合は、基本的にはχ²検定を用いるといいでしょう。
　では、χ²検定ではいったいどうやって条件間の違いを見るのでしょうか？　χ²検定の場合、t検定や分散分析とはまったく違う考え方によって条件間の違いを見ていきます。
　t検定や分散分析は「研究者が見たい要因」と「データの誤差(☞34ページ)」の比率を見ることで条件(☞28ページ)の間に違いがあるかどうかを検討する方法でした。これに対して、χ²検定は**帰無仮説**(☞114ページ)が正しい場合に、各条件に当てはまることが期待される人数(これを「帰無仮説の期待値」、あるいは「帰無仮説で期待される人数」と呼びます)と実際に測定した人数(これを「実際の観測値」と呼びます)に**ズレがあるかどうかを見ることで、条件間の人数の割合に違いがあるかどうかを見る**方法です。つまり、χ²検定を使う場合には研究目的は次のような表現になります。

各条件に当てはまった人数の割合に違いがあるかどうかを知りたい。

第Ⅱ部　心理学でよく用いられる統計手法

χ^2検定を数式で表すと次のようになります。

$$\chi^2 = \sum \frac{(O-E)^2}{E}$$

＊Oは実際の観測値、Eは帰無仮説の期待値を表します。

やっぱり数式だけ見ても意味がわかりませんね。

10-2　χ^2検定のイメージによる理解

では、χ^2検定についてイメージを用いて説明したいと思います（**イメージ10-1**）。わかりやすいように、簡単な例を使いながら説明します。

300人の生徒がいる学校があったとします。その学校で男子生徒と女子生徒のどちらが多いのかを知るために、20人の生徒の性別を調べたとします。あくまで例なので、「生徒の性別くらい学校はわかるだろう」というツッコミはなしですよ。

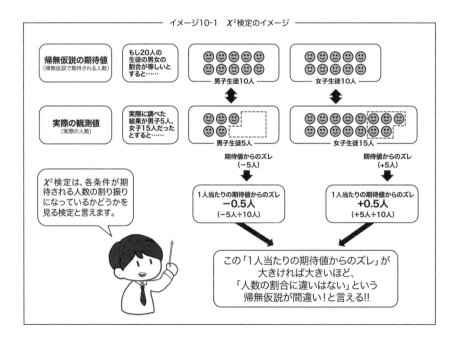

イメージ10-1　χ^2検定のイメージ

第10章　χ^2検定

　χ^2検定は**違いを見る検定**なので、研究者が知りたい**対立仮説**（☞114ページ）は「**男子生徒と女子生徒の割合に違いがある**」となるでしょう。そうすると、帰無仮説は男子生徒と女子生徒の割合に違いはない、つまり「**男子生徒と女子生徒の割合は同じ**」となります。

　性別という要因（☞27ページ）の水準（☞28ページ）は男子生徒と女子生徒の2つなので、もし男子生徒と女子生徒の割合が同じであれば、20人中10人が男子生徒、10人が女子生徒になります。このそれぞれ10人というのが、帰無仮説で期待される人数、つまり「**帰無仮説の期待値**」になります。さて、実際に20人の生徒を調べてみると、男子生徒が5人、女子生徒が15人だったとしましょう。この5人と15人が**実際に測定した人数、「実際の観測値」**になります。帰無仮説の期待値とはずいぶんとズレていますね。この**ズレが大きくなればなるほど、条件間で当てはまる人数の割合に違いがある**ことを意味し、同じ割合であると考えている**帰無仮説が間違いだ**ということになります。これをまとめると、次のようになります。

① 対立仮説「男子生徒と女子生徒の割合に違いがある（男子生徒≠女子生徒）」を立てる。
② 対立仮説とは逆の帰無仮説「男子生徒と女子生徒の割合は同じである（男子生徒＝女子生徒）」を立てる。
③ 帰無仮説が正しいとすると、サンプルの20人の内訳は、男子生徒が10人、女子生徒が10人になるはず（帰無仮説の期待値）。
④ 実際にデータを収集したところ、男子生徒が5人、女子生徒が15人になった（実際の観測値）。これは帰無仮説で期待される人数から大きくズレている。
⑤ 実際の観測値が帰無仮説の期待値から大きくズレた結果になったのは、そもそも「男子生徒と女子生徒の割合は同じ」という帰無仮説が間違いだったから。
⑥ ということは、「男子生徒と女子生徒の割合に違いがある」という対立仮説のほうが正しい。

　この流れは3条件（☞28ページ）以上の場合も同じです。30人の生徒を調査して、1年生から3年生の人数の割合が同じである（つまり、1年生が10人、2年生が10人、3年生が10人）という帰無仮説を立てて、実際に生徒を調べたところ、1年生が5人、2年生が10人、3年生が15人だったとしたら、帰無仮説の期待値と実際の観測値のズレが大きいので、帰無仮説が間違いという結論になるでしょう。

163

第Ⅱ部　心理学でよく用いられる統計手法

10-3　χ^2検定の数式の意味

χ^2検定がどのようなことをしているのかがイメージできたところで、もう一度数式を見てみましょう。

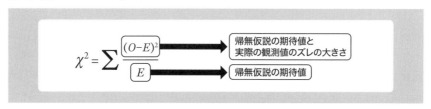

分子の部分が、前節で説明した帰無仮説の期待値と実際の観測値の「ズレの大きさ」を表しています。分子が2乗されているのは、帰無仮説の期待値と実際の観測値をそのまま足し合わせると＋のズレの値と－のズレの値で相殺されてしまうので、**すべての値を＋にするため**です。帰無仮説の期待値と実際の観測値が一致している場合には、ここの値は0になります。一方、帰無仮説の期待値と実際の観測値のズレが大きくなればなるほど、この値は大きくなっていきます。逆に言えば、「**期待値と観測値のズレの大きさ**」が大きければ大きいほどχ^2値は大きくなるので有意差（☞118ページ）が出やすくなり、帰無仮説の期待値と実際の観測値の間に違いがある、つまり帰無仮説が間違いだったと言いやすくなります。

ところが、単にズレの大きさを足し合わせるだけでは問題が発生します。それは、**人数が多くなればなるほど**、当然のことながら、**帰無仮説の期待値からズレてしまう人の数は多くなってしまう**可能性があるからです。

イメージ10-2を見てください。もし10人を調査した場合にはズレは最大10人ですが、100人を調べている場合、ズレは最大100人になりますよね。そして、10人中10人がズレたのと、100人中10人がズレたのでは、ズレの意味合いは変わってきます。当然、10人中の10人のほうが100人中の10人よりも、ズレの重みは大きくなります。

そこで、ズレを単に足し合わせるだけではなく、帰無仮説の期待値で割ることで、**「帰無仮説で期待される人数1人当たりのズレの大きさ」**を計算しているのです（**イメージ10-3**）。帰無仮説で期待される人数が10人で、実際の人数と帰無仮説で期待される人数とのズレが10人分の場合は、1人当たりのズレの大きさは1人になります。一方、同じ10人分のズレであっても、帰無仮説で期待される人数が100人の

第10章 χ²検定

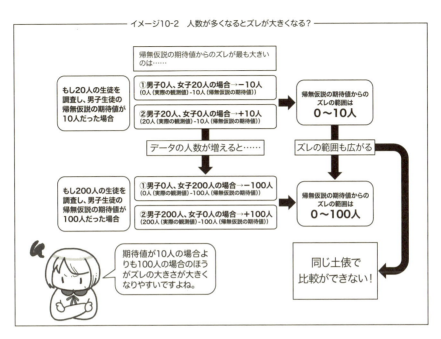

イメージ10-2 人数が多くなるとズレが大きくなる？

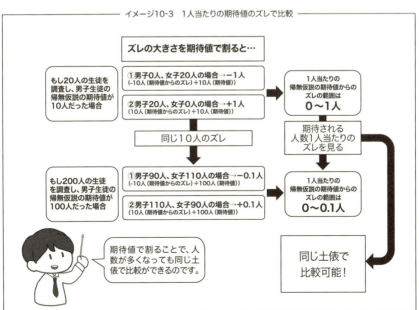

イメージ10-3 1人当たりの期待値のズレで比較

場合の10人であれば、1人当たりのズレの大きさは0.1人となります。データの人数が増えれば帰無仮説の期待値も同じ割合で増えるので、こうすればいくら人数が増えても、「帰無仮説で期待される人数1人当たりのズレの大きさ」という同じ土俵で比較ができます。

このように、「帰無仮説で期待される人数1人当たりのズレの大きさ」が大きくなればなるほど χ^2 値は大きくなり、各条件に当てはまった人数の割合に違いがあると結論づけることができるのです。

10-4　χ^2 検定の多重比較

違いを見る研究の場合、統計的仮説検定（☞126ページ）だけでは「条件間のどこかに違いがある」ということしかわからないので、どの条件の間に違いがあるかを調べるために**多重比較**（☞131ページ）という方法を用います。χ^2 検定の場合も χ^2 検定の手続きだけでは「どこかの条件間で人数の割合に違いがある」ことしかわからないので、3条件以上の場合には、違いがある箇所を確かめるために**多重比較を行う必要**があります（イメージ10-4）。分散分析の多重比較にはテューキーのHSD法（☞133ページ）などが用いられますが、χ^2 検定の多重比較についてはあまり知らない人もいると思うので少し紹介しましょう。

χ^2 検定の多重比較では**残差分析**という方法が用いられます。詳しい計算方法などは省略しますが、簡単に言えば、「実際のデータの値と期待値のズレを標準化（☞119ページ）したもの」と言えます。これをさらに調整したものが「**調整済み標準化残差**」と呼ばれ、この値（☞26ページ）が χ^2 検定の多重比較を行うために見ていく値となります。この「調整済み標準化残差」を計算し、その値が基準値よりも大きければ（－の場合は小さければ）、その条件に含まれる実際の観測値と帰無仮説の期待値との間には大きなズレがあり、その部分に違いがあると言えるのです。

ちなみに、残差分析における「差があるかどうか」の基準は、調整済み標準化残差の値が±1.96以上あるかどうかになります。調整済み標準化残差の値が＋1.96以上あればその値は帰無仮説の期待値よりも高い値であり、－1.96よりも低い値であればその値は**期待値よりも低い値**となります。どちらの場合もその条件に含まれる実際の観測値と帰無仮説の期待値との間に偶然とは見なせない大きなズレがあると考えることができます。

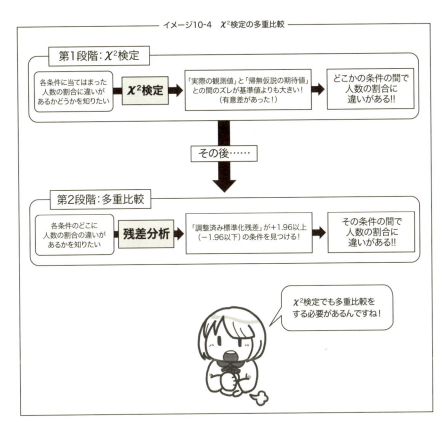

イメージ10-4 χ²検定の多重比較

　χ²検定は知っていてもこの残差分析を知らなかったがために結果の出し方がわからないということもあるので、統計を勉強したいという人は残差分析などの多重比較のやり方についてもきちんと知っておくといいと思います。また、統計が得意な人を頼る場合にも、残差分析までしてもらうようにお願いをしておくと後で結果の解釈に困らずに済むでしょう。

Column 9
分散分析とχ^2検定でわかることの違い

　ここまでいろいろな違いを見るための統計手法について紹介してきました。違いを見る検定で特に重要なのは分散分析とχ^2検定ですが、これら2つの統計手法はどのように使い分けたらいいのでしょうか？
　これは従属変数を名義尺度にする場合と間隔尺度にする場合で、わかることにどのような違いがあるのか？ という疑問にもつながります。実は、従属変数の尺度水準が違えば、それぞれの結果から見えてくるものは異なります。この違いを見ていくために、まずは4つの尺度水準の分類について確認してみましょう。
　4つの尺度水準は大きく2つに分けることができます。**名義尺度と順序尺度**は**質的データ**に含まれ、**間隔尺度と比例尺度**は**量的データ**に含まれます。

①**質的データ**（名義尺度・順序尺度）：値の間に連続性はなく、質的な違いを持つ。
②**量的データ**（間隔尺度・比例尺度）：値の間に連続性があり、量的な違いを持つ。

　質的データと量的データの違いは次のようになります。**①質的データ**は**値の間に質的な違い**を持つデータです。これは値に**連続性がなく**、値の間の差は**質的な違い**を意味します。例えば、性別（男性／女性）や成績（優／良／可／不可）は質的データですが、男性は明らかに女性とは異なりますし、成績についても明確な判定基準が設けられており、それぞれのランクには質的な違いが見込まれています。
　これに対して、**②量的データ**は**値の間に量的な違い**を持つデータです。これは値に**連続性があり**、値の間の差は質的な違いではなく**量的な違い**を表します。例えば、身長が160cmと161cmの人がいたとしましょう。この2人は値としては異なりますが、では160cmの人は背が低い人で161cmの人は背が高い人と言えるでしょうか？　そんなに違わないんじゃないかと思いますよね。この場合、質的な違いを示す判断基準が明確ではなく、値の違いは

量的な違い（その違いに意味があるかどうかは別として、161cmの人が160cmの人よりも1cm背が高いのは確か）を表しています。質的な違いではないので、あくまで**もう一方と比較をして値が大きいとか小さいとかを判断する**わけですね。

　これを頭に置いた上で分散分析とχ^2検定でわかることの違いを見てみましょう。**分散分析**でわかることは**量的な違い**です。例えばAとBとCを比較して、得点に差があるかどうかがわかります。ここで大事なのは、**その得点の差に質的な違いがあるかどうかはわからない**ということです。分散分析の帰無仮説は条件間が等しい（＝）というものなので、もし大量のデータが集まれば、たとえ**1点でも**、場合によっては**0.1点でも**違いがあれば有意差が出ます。では、ストレス尺度得点が10点の群（☞29ページ）と11点の群でストレスの程度に違いがあると言えるでしょうか？　量的には10点の群の人よりも11点の群の人が1点分ストレスの程度が高いと言えます。しかし、10点の群の人はストレスが少なく、11点の群の人はストレスが多いかというと、それはわかりません（もし10点と11点の間に質的な違いを表す基準があれば、言えるかもしれませんが……）。

　対して、χ^2検定でわかることは**質的な違い**です。質的データでは**もともと質的な違いを持つ指標**を使うこともあれば、**量的データを質的な違いを示す基準**（これを医学などでは**カットオフ値**と言ったりします）**で分ける**ことで質的データとして扱うこともあります。例えば、ストレス尺度得点において○点以上は体に悪影響があるほどストレスが高く、それより低い値であれば体に悪影響はないという基準値がはっきりしているのなら、（体に影響があるほど）ストレスが高い／（体に影響がない程度に）ストレスが低いという質的な違いで分類できます。そしてχ^2検定を用いることで、AとBとCという条件を比較して、質的な指標のどこに当てはまる人が多いかを調べることができます。条件Aではストレスが高い人が多く、条件B、条件Cではストレスが低い人が多いなどの条件間でのストレスの質的な違いについて見ることができるのです。

　質的データの欠点としては、（当然ですが）**量的な違いを見ることができない**ということです。体に影響があるほどストレスが高い群の中には、非常にストレス尺度得点が高い人もいれば、基準値ギリギリの人もいます。それらを

まとめて「ストレスの高い人」としていますが、本当に得点が非常に高い人と基準値ギリギリの人を一緒に考えていいのかという問題があります。また、ストレスが低い群に入ったとしてもギリギリ基準値に満たない人を放っておいていいのかというと、そうとも言えません。このような場合、量的な違いを見ることには意味があります。

このように考えてみると、**分散分析、χ^2検定のそれぞれにわかることとわからないこと**があります。そして、これらの方法を使いこなすには次の２つのやり方があるでしょう。

①質的な違いが重要なのか量的な違いが重要なのかを判断して使い分ける。
②質的な違いと量的な違いの両面を見て、その関係を考える（量的データのみ）。

①は**自分が知りたいことを適切に判断し、方法を選ぶ**というやり方です。ストレスのような**連続線上に変化するもの**（例えば、ちょっとストレスがたまっているなどと言えるような指標）**は分散分析**のほうがいいかもしれませんし、性別のような**質的な違い**（性質の違いを表す指標）**はχ^2検定がいい**でしょう。また、もともと量的なデータでも、**細かな量的な違いよりも明確な質的な違いが重要**（ストレス尺度得点が高いか低いかよりも、体に影響があるかどうかのほうが重要）**な場合はχ^2検定**を用いるといいでしょう。

②は**量的データを扱う場合**のやり方です。量的データは量的にも質的にも検討することが可能なので、まず量的データとして分散分析も行い、次に基準を決めて質的データとしてχ^2検定も行うことで量的な違いと質的な違いの両面を見ることができ、より多面的に結果を解釈できるかもしれません。

第11章 ピアソンの積率相関係数

11-1 相関係数とは

　ピアソンの積率相関係数 (以下、相関係数と略します) は、**2変数** (☞27ページ) が**間隔尺度・比例尺度**の時に、関係の強さを見るための統計手法です。相関係数の特徴をまとめると次のようになります。

①関係を見る
②関係の種類は相関関係
③変数の尺度水準は間隔尺度・比例尺度

　多くの心理学の研究は間隔尺度のデータ (☞26ページ) を扱うため、相関係数は相関関係を見る統計手法の中でも最もよく利用されるものです。しかし、実は相関係数をきちんと理解しようと思うと、t 検定や分散分析以上に複雑な説明が必要になります。なるべくわかりやすく説明しようとは思いますが、頭の整理には何度か繰り返し説明を読む必要があるかもしれません。あきらめずにがんばってください。
　さて、関係の強さを示す統計量である**相関係数**は「r」という値で示されます。相関係数を計算するための数式は次のようなものです。

$$r = \frac{\frac{1}{n}\sum(x_i-\bar{x})(y_i-\bar{y})}{\sqrt{\frac{1}{n}\sum(x_i-\bar{x})^2}\sqrt{\frac{1}{n}\sum(y_i-\bar{y})^2}}$$

＊$\bar{x}$ は変数 x の平均値を、$\bar{y}$ は変数 y の平均値を表します。

　数式を眺めてみると、何となく**上の部分** (分子の部分) **と下の部分** (分母の部分) **に分けられそうだ**ということは推測できるかもしれません。この数式についてもイメージを活用しながら説明していきたいと思いますが、まずはそもそも相関係数でいっ

たい何がわかるのかについて見てみましょう。

11-2　相関係数における関係の種類

　相関係数は2つの変数の関係を見るための手法です。この「関係を見る」という言葉をもう少し詳しく言うと、「**AとBの2つの変数の関係の種類と強さはどのようなものか**」を見ていくことになります。つまり、相関係数は変数の関係について次の2つを見るものなのです。

①2つの変数の関係の種類
②2つの変数の関係の強さ

　関係の種類とは、「2つの変数の間にどのような関係があるのか」ということです。相関係数では「一方の値（☞26ページ）が高い場合、もう一方の値も高いのか」、それとも「一方の値が高い場合、もう一方の値は低いのか」という点が重要になります。この関係の種類は、**相関係数が＋の値か、－の値かで判断する**ことができます（イメージ11-1）。

　「一方の値が高い場合、もう一方の値も高い」という場合には「**正の相関**」があると言います。グラフで表すと、**右上がりのグラフ**になります。例えば、**イメージ11-1**の上段の子どもの身長と体重の関係などがそうです。身長が高い子ほど、基本的には体重も重くなりますよね。このような場合、**相関係数は＋の値**を取ります。

　逆に、「一方の値が高い場合、もう一方の値は低い」という場合には「**負の相関**」があると言います。グラフで表すと、**右下がりのグラフ**になります。例えば、**イメージ11-1**の下段の自尊心と抑うつ気分はこのような関係にあるでしょう。抑うつ気分が高い人ほど自尊心は低いと考えられます。このような場合には**相関係数は－の値**を取ります。

　ところで、2つの変数間の関係を考えた場合、その種類には次のようなものがあります。

①直線関係：一方の値が高い場合、もう一方の値も高い／一方の値が高い場合、もう一方の値は低い

第11章　ピアソンの積率相関係数

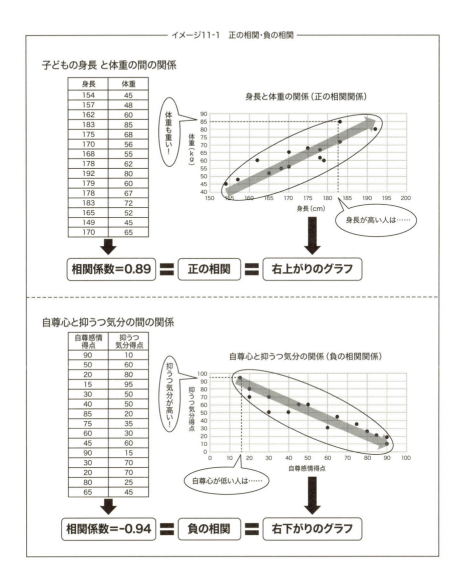

イメージ11-1　正の相関・負の相関

②漸増・漸減関係：一方の値が高くなるに従い、もう一方の値の高くなる程度が増える／一方の値が高くなるに従い、もう一方の値の高くなる程度が減る
③U字・逆U字関係：両端に近いほど値が高く、真ん中に近いほど値が低い／両端に近いほど値が低く、真ん中に近いほど値が高い

ここで、この相関係数で扱う関係の種類を考える上で大事なことが1つあります。それは**相関係数で見ることができる関係は「直線関係」に限られる**ということです（イメージ11-2）。

相関係数は直線関係を見るためのものなので、**データが漸増・漸減関係やU字・逆U字関係にある場合に用いるのは不適切**なのです。そのため、相関係数を見たい場合には、事前にグラフの形を確認して、データが直線関係なのかどうかを確かめることが重要です。なお、漸増・漸減関係やU字・逆U字関係に対して無理やり相関係数を計算すると、相関係数の値は本来の関係を示す値より小さくなります。

11-3　相関係数における関係の強さ

次に、**関係の強さ**についてです。関係の強さとは、「2つの変数の関係がどのくらい強いのか」を意味します。非常に強い関係なのか、弱い関係しかないのか、まったく関係がないのか、などですね。この関係の強さは**相関係数の値の大きさ**を見ることで判断できます。**相関係数の値が大きければ大きいほど2つの変数の関係は強く**、逆に**相関係数の値が0に近ければ2つの変数はまったく関係がない**（これを「無相関」と言います）ことになります。

相関係数の結果を解釈する上で最も重要なのが、この関係の強さです。もし関係があったとしても、相関係数の値が小さく、ごくごく弱い関係なのであれば「AとBは関係があります」と強く主張はできないことになります。相関係数の大きさが示す「直線関係によって2つの変数の関係をどのくらい説明できるか」という点を考慮した上で、結果を解釈する必要があるのです。関係の強さの基準は研究者によって違うことがありますが、おおむね、**イメージ11-3**のような基準が用いられることが多いようです。結果を解釈する上での参考にしてください。

ところで、現在、心理学の研究では相関係数が非常によく用いられていますが、相関係数は「直線関係によって2つの変数の関係をどのくらい説明できるか」を直接示しているわけではありません。そのため、一定の基準はあるとはいえ、相関係数の値を見てもどのくらいの関係の強さなのかはイメージしづらいところがあります。「相関係数0.9は非常に関係が強い」と言われても、それがどのくらいのものなのかはあまりピンときませんよね。

実は、この「直線関係によって2つの変数の関係をどのくらい説明できるか？」と

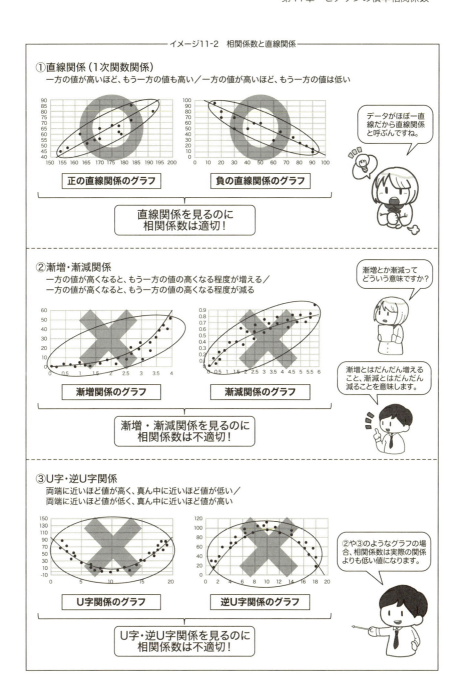

第Ⅱ部　心理学でよく用いられる統計手法

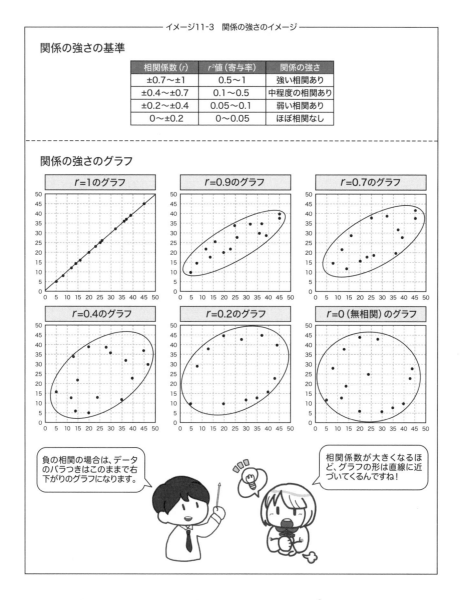

いう疑問に答えることができる指標があります。それはr^2**値**や**寄与率**と呼ばれるものです。これは相関係数を2乗した値ですが、わかりやすく言えば、**直線関係で2つの変数の関係の何パーセントくらいを説明できるかを示したもの**と言えます。

例えば、相関係数が0.2だった場合、r^2値は$0.2 \times 0.2 = 0.04$です。つまり、2つの変数の関係の中で、直線関係で説明できるのはわずか4%に過ぎないことになります。直線関係ではほとんど説明できていないですね。これは言い換えると、**2つの変数の関係を直線関係で説明するのは不適切**ということになります。

では、相関係数が0.9の場合はどうでしょう。r^2値は$0.9 \times 0.9 = 0.81$で、2つの変数の関係は直線関係で81%が説明できることになります。かなりの部分が直線関係で説明ができるため、**2つの変数の関係を直線関係で説明することは適切**と言えそうですね。

こう聞くと、r^2値のほうが指標として優れている気がしますが、必ずしもそういうわけではありません。例えば、相関係数では±がついていますが、r^2値には±がついていません。これはr^2値は相関係数を2乗するため、**r^2値からはグラフが正の相関を表すのか、負の相関を表すのかが判断できない**ことを意味します。関係の特徴が一目で理解できるのは、**関係の種類と関係の強さの両方がわかる相関係数**のほうです。これが相関係数がよく用いられている理由です。このように、相関係数とr^2値にはそれぞれメリットとデメリットがあるのです（**イメージ11-4**）。

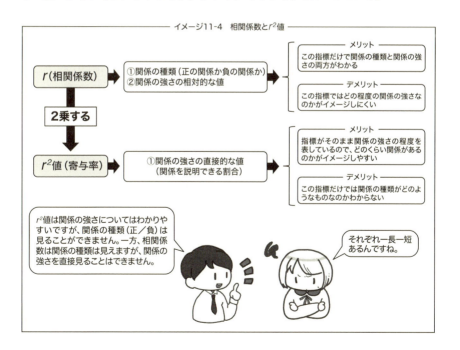

イメージ11-4　相関係数とr^2値

第Ⅱ部 心理学でよく用いられる統計手法

11-4 相関係数のイメージによる理解

では、具体的に相関係数とはどのようなものなのかを見ていきましょう。相関係数の数式も、t検定などと同様、分子の部分と分母の部分に分かれます。

まずは**分子**の部分について見てみましょう。分子の部分は2つの変数の共分散（以下、共分散）と呼ばれるものです（イメージ11-5）。**共分散**とは「**データ1組当たりの、2変数の直線関係を表す値**」です。例えば、身長と体重の関係を見る場合の共分散は、1人当たりの身長と体重の関係について表す値と言えます。共分散には次

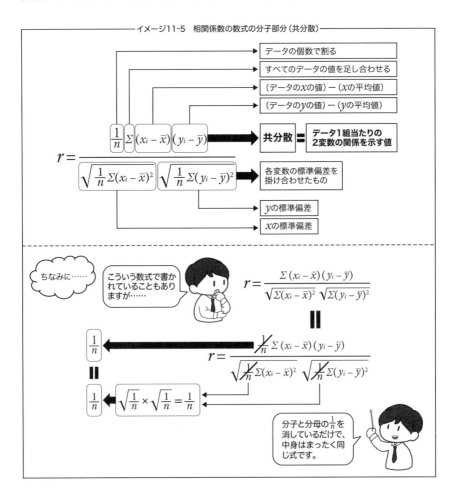

イメージ11-5 相関係数の数式の分子部分（共分散）

のような特徴があります。

- 2つの変数がともに高い／2つの変数がともに低い→正の数(+)
- 2つの変数の一方が高く、もう一方が低い→負の数(−)
- 2つの変数に関連がない→0

　次に**分母**のほうを見てみましょう。分母の数式はどこかで見たことがありますよね。そう、**標準偏差**(☞61ページ)です！　左側が変数x(例えば、身長)の標準偏差、右側が変数y(例えば、体重)の標準偏差を表しています。ということは、分母の数式は、xの標準偏差とyの標準偏差を掛け合わせたものになります。

　つまり、相関係数の数式は「**xとyの共分散を標準偏差で割ったもの**」と言えます。詳しくは次節以降で説明しますが、先にこの数式で行っていることをまとめてみると、次のようになります。

① 2つの変数(x、y)のデータの値を調べる。
② xとyそれぞれの平均値を計算し、各データの (x-xの平均値) と (y-yの平均値) の値を調べる。
③ ②をグラフにする。
④ (x-xの平均値) と (y-yの平均値) の値を掛け合わせる。
⑤ ④の値を合計する。
⑥ ⑤の値をデータ数で割る(この値が共分散)。
⑦ ⑥の値を、xの標準偏差とyの標準偏差を掛け合わせた値で割る。

　もしこれ以降のページを読んでいて、頭がこんがらがってきたら、上のまとめを読んで今はどの部分なのかを確認してみるとわかりやすいかもしれません。

11-5　共分散

　では、相関係数の数式の分子の部分にあたる**共分散**について、イメージ11-6を使って詳しく見ていきましょう。イメージ11-6の①から⑥は前節の①から⑥と対応づけられているので、そちらのほうも見ながら読んでください。

第Ⅱ部 心理学でよく用いられる統計手法

――― イメージ11-6 共分散のイメージ ―――

① 身長と体重の表

	身長 (x_i)	体重 (y_i)
Aさん	154	40
Bさん	157	48
Cさん	162	60
Dさん	183	73
Eさん	175	66
Fさん	170	57
Gさん	163	55
Hさん	178	68
Iさん	182	77
Jさん	176	56
平均値	170	60

② (身長－身長の平均値) と
(体重－体重の平均値) の表

	身長 (x_i)－ 身長の平均値 ($\bar{x}$)	体重 (y_i)－ 体重の平均値 ($\bar{y}$)
Aさん	-16	-20
Bさん	-13	-12
Cさん	-8	0
Dさん	13	13
Eさん	5	6
Fさん	0	-3
Gさん	-7	-5
Hさん	8	8
Iさん	12	17
Jさん	6	-4
平均値	0	0

この表を……

③ (身長－身長の平均値) と (体重－体重の平均値) のグラフ

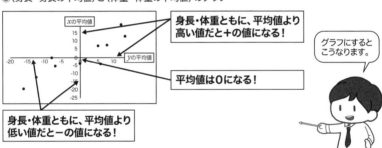

身長・体重ともに、平均値より高い値だと＋の値になる！

平均値は0になる！

身長・体重ともに、平均値より低い値だと－の値になる！

グラフにするとこうなります。

④ 身長と体重を掛け合わせた場合の正負

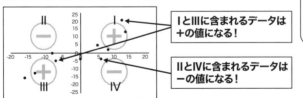

ⅠとⅢに含まれるデータは＋の値になる！

ⅡとⅣに含まれるデータは－の値になる！

データは、xの値とyの値を掛け合わせると、＋になる部分と－になる部分のどちらかに含まれます。

第11章 ピアソンの積率相関係数

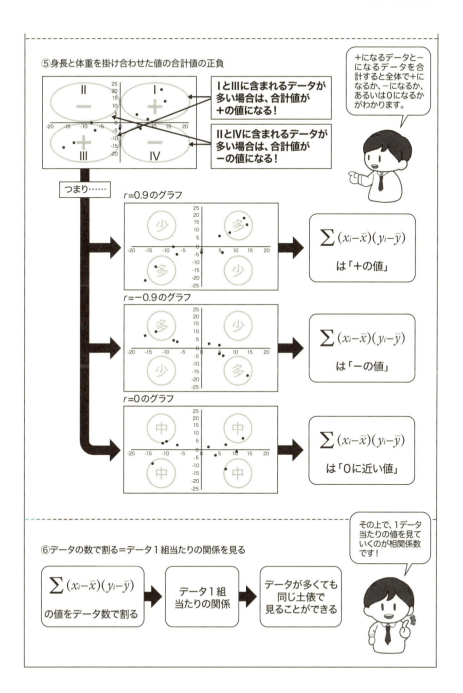

まず、①を見てください。10人の身長と体重を示した表があります。

　次に②を見てください。共分散の数式の $(x_i-\bar{x})$ はそれぞれのデータの身長の値 (x_i) から身長の平均値 $(\bar{x})$ を引いたもの、$(y_i-\bar{y})$ はそれぞれのデータの体重の値 (y_i) から体重の平均値 $(\bar{y})$ を引いたものなので、これを表にすると②になります。

　これをグラフにすると、③のようになります。それぞれの**直線は身長と体重の平均値であり、0の値を取ります**。つまり、身長、体重ともに、平均値よりも高ければ＋の値になり、平均値より低ければ－の値になることを意味しています。

　では、④を見てください。共分散の数式を見ると、**データの身長の値から身長の平均値を引いたもの** $(x_i-\bar{x})$ **とデータの体重の値から体重の平均値を引いたもの** $(y_i-\bar{y})$ を掛け合わせています。ご存じの通り、（＋の値）×（＋の値）と（－の値）×（－の値）は、＋の値になります。一方、（＋の値）×（－の値）は－の値になりますよね。つまり、身長と体重がともに平均値より高い場合と身長と体重がともに平均値より低い場合には、＋の値になります。逆に、身長と体重の一方が平均値より高く、もう一方が平均値より低い場合には、－の値になります。グラフでは、右上の「Ⅰ(xとyが＋の値)」と左下の「Ⅲ(xとyが－の値)」の部分が「＋の値」のデータに、左上の「Ⅱ(xが－の値、yが＋の値)」と右下の「Ⅳ(xが＋の値、yが－の値)」の部分が「－の値」のデータになります。

　次に⑤を見てください。全データの身長の値と体重の値を掛け合わせたものを合計しています。つまり、グラフの「右上（Ⅰ）と左下（Ⅲ）の部分に含まれるデータ」が「左上（Ⅱ）と右下（Ⅳ）の部分に含まれるデータ」より多い場合は、「＋の値」になります。逆に、グラフの「左上（Ⅱ）と右下（Ⅳ）の部分に含まれるデータ」が「右上（Ⅰ）と左下（Ⅲ）の部分に含まれるデータ」より多い場合は、「－の値」になります。「右上（Ⅰ）と左下（Ⅲ）に含まれるデータ」と「左上（Ⅱ）と右下（Ⅳ）に含まれるデータ」が同じくらいであれば、「0に近い値」を取ります。ちなみに、見ての通り、「右上（Ⅰ）と左下（Ⅲ）のデータ」が多い場合にはグラフは**右上がり**に、「左上（Ⅱ）と右下（Ⅳ）のデータ」が多い場合にはグラフは**右下がり**になります。

　最後に、⑥の**データ数で割る**作業を行います。これは**データ1組当たりの関係を見る**ために行います。平均値（☞54ページ）でも説明しましたが、データを足し合わせるだけだと、データ数が多くなればなるほど値はどんどん大きくなっていきます。これでは都合が悪いので、データ数で割ってデータ1組当たりの値を計算することで、**データ数がどれだけ増えても比較することができる**ようにするのです。

これが共分散のイメージです。ちょっと複雑な説明でしたが、イメージはできましたか？

11-6　標準偏差で割る理由

では、今度は**分母**について見てみましょう。分母の部分は**xとyの標準偏差を掛け合わせたもの**でしたね。この標準偏差で割るという手続きはどういう意味があるのでしょうか？　実は、この標準偏差で割るという手続きには異なる2つの意味があります。

1. （共分散）÷（標準偏差）→標準化をする
2. （共分散）÷（共分散の最大値）→共分散の大きさの相対的な割合を見る

まずは1. から考えてみましょう（**イメージ11-7**）。「データを標準偏差で割る」という手続きは**標準化**（☞119ページ）の手続きの1つでした。標準化とは、**データの基準値**(平均値)**を0に、データの重み**(標準偏差)**を1に修正する**ことで、さまざまなデータを同じ土俵で比較できるようにする手続きのことですね。標準化は「**各データの値から平均値を引く**」と「**各データの値を標準偏差で割る**」という2つの手続きにより行うことができました。平均値を0にする手続きは共分散を計算する段階ですでに行われていますが、179ページの相関係数の数式に関する7つの手続きの中で、「②xとyそれぞれの平均値を計算し、各データの（x-xの平均値）と（y-yの平

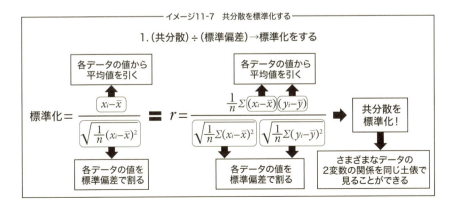

イメージ11-7　共分散を標準化する

第Ⅱ部　心理学でよく用いられる統計手法

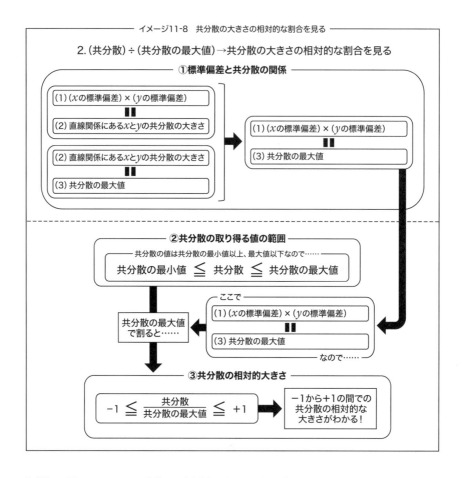

イメージ11-8　共分散の大きさの相対的な割合を見る

均値）の値を調べる」と「⑦xの標準偏差とyの標準偏差を掛け合わせた値で割る」を合わせると、まさに標準化の手続きと同じものになります。つまり、**共分散を標準偏差で割ることは共分散を標準化する手続き**なのです。

次に、2. についてです（イメージ11-8）。詳しい計算は省きますが、**標準偏差と共分散には図の①のような関係があります**。まず、「**(1)xの標準偏差とyの標準偏差を掛け合わせた値**」は、「**(2)xとyが直線関係の場合の共分散の大きさ**」[注7]と一

注7)　標準偏差は＋の値なので掛け合わせても＋の値になります。一方、直線関係の共分散は＋と－の両方の値を取り得ますが、ここでは共分散の大きさが重要なので、＋の値になるよう絶対値を取っています。

致することがわかっています[注8]。また、「(2) xとyが直線関係の場合の共分散の大きさ」は、「(3) 共分散の最大値」を取ることもわかっています（☞Column 10：188ページ）。このことから、「(1) xの標準偏差とyの標準偏差を掛け合わせた値」は、「(3) 共分散の最大値」と等しくなると言えます。

　次に図の②を見てください。共分散の値は共分散の最小値と最大値の間の値になるので、「共分散の最小値≦共分散≦共分散の最大値」が成り立ちます。ここで、共分散の最小値、つまり共分散の中で最も小さな値とは共分散の最大値を負の数（−）にしたものなので、「−共分散の最大値≦共分散≦共分散の最大値」となります。これを「共分散の最大値」で割ると、次のようになります（図の③）。

$$-1 \leq \frac{共分散}{共分散の最大値} \leq +1$$

　これは、共分散の値が−1から+1の範囲のどこに位置づけられるかを見ることで、共分散の相対的な大きさがわかることを意味しています。

11-7　相関係数の数式の意味

　さて、では相関係数の数式の意味を整理してみましょう。相関係数の数式は「共分散を、2変数の標準偏差を掛け合わせたもので割る」というものでした。そして、この手続きにより次のような特徴を持つことがわかりました。

①2変数の直線関係を表す共分散を標準化したもの。

②$-1 \leq \dfrac{共分散}{共分散の最大値} \leq +1$　という範囲の値を取る。

　①から、相関係数とは「2変数の直線関係を表す共分散をどんなデータ同士も比較できるように標準化、一般化したもの」と言えます（イメージ11-9）。これは逆に、

注8）　次の文献に証明が載っているので参考にしてください。南風原朝和（2002）心理統計の基礎――統合的理解のために　有斐閣　pp.45-46.

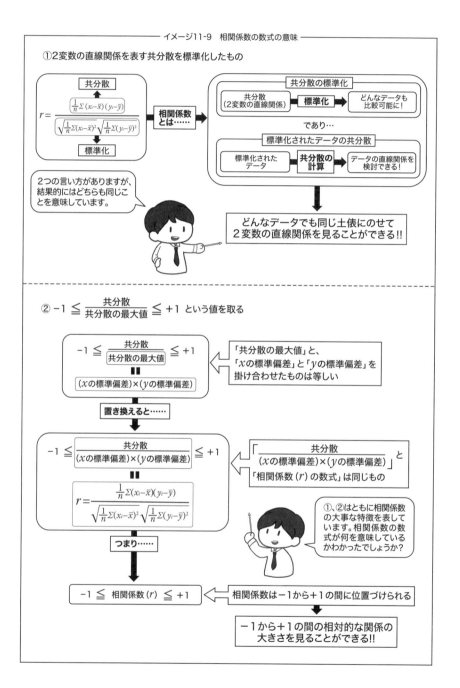

第11章 ピアソンの積率相関係数

「平均値0、標準偏差1に標準化されたデータの共分散を見たもの」と言うこともできます。いずれにせよ、どんなデータでも同じ土俵にのせて、2変数の直線関係（正の直線関係か負の直線関係か、関係の強さはどうなのか）について見ることができることがわかります。

次に②ですが、イメージ11-8で、相関係数は $-1 \leq \dfrac{共分散}{共分散の最大値} \leq +1$ という範囲の値を取ることがわかりました。ところで、「共分散の最大値」は「xの標準偏差とyの標準偏差を掛け合わせた値」と同じものでした。そこで $\dfrac{共分散}{共分散の最大値}$ の分母の部分を書き換えてみると、次のようになります。

② $-1 \leq \dfrac{共分散}{(x の標準偏差) \times (y の標準偏差)} \leq +1$ という範囲の値を取る。

この $\dfrac{共分散}{(x の標準偏差) \times (y の標準偏差)}$ は、まさに相関係数の数式そのものです。つまり②は次のように言い換えることができます。

② $-1 \leq 相関係数(r) \leq +1$ という範囲の値を取る。

これは、相関係数が-1から$+1$の間の値を取ること、つまり-1から$+1$の間の相対的な関係の大きさがわかることを意味します。

以上をまとめると、相関係数の数式は次のことを意味しているのです。

① すべてのデータを同じ土俵にのせて、2変数の直線関係を見る。
② -1から$+1$の間での相対的な関係の大きさを見る。

途中の説明がややこしかったのでわからなかった人は、相関係数は直線関係を見るもので、-1から$+1$の間の値を取るという特徴さえ理解してもらえればいいと思います。

Column 10

直線関係と共分散
なぜ直線関係で共分散が最大になるのか

　相関係数の数式を見ていく中で、「2変数が直線関係の場合、共分散が最大値を取る」ことを述べましたが、詳しい説明はしませんでした。ひょっとするとその理由が知りたいという人がいるかもしれないので、ここで説明したいと思います。特に知らなくても問題はないので、興味のない人は読み飛ばしてもらってかまいません。

　相関係数の数式は2変数の関係について標準化する手続きでした。標準化とは、平均値を0、標準偏差を1に統一することです。この標準化された直線関係にあるデータをグラフにしてみると、どれもまったく同じグラフになります（イメージC10-1）。標準化するということは、直線のグラフをxとyが0の点を通り、正の直線なら傾きが+1、負の直線なら傾きが-1のグラフに変換することも意味します。そのため、標準化したデータの直線関係についてはどんなデータでも、この2つのグラフをもとに考えればいいことになります。

　では次にイメージC10-2を見てください。標準化された①直線のグラフの場合に傾きが1になるということは、xの値とyの値は等しくなるため、共分散は同じ値を掛け合わせたものになります。面積で表すと正方形になりますね。対して、もしデータが②直線のグラフではない場合、xの値とyの値は異なるため、面積で表すと長方形になります。

　ではここで、「すべてのデータのxの値とyの値を合計した値が等しい」データを2種類考えてみましょう。1つは並べると直線になるデータ、もう1つはxの値とyの値がバラバラの組み合わせのデータとします。先ほど話したように、直線になるデータは面積が正方形、バラバラの組み合わせのデータは面積が長方形になりますね。では全データの面積の合計はこの2つの場合、どちらが大きくなるのでしょうか？

　実は、辺の長さが等しい場合には長方形の面積よりも正方形の面積のほうが大きくなります。「すべてのデータのxの値とyの値を合計した値」を2倍す

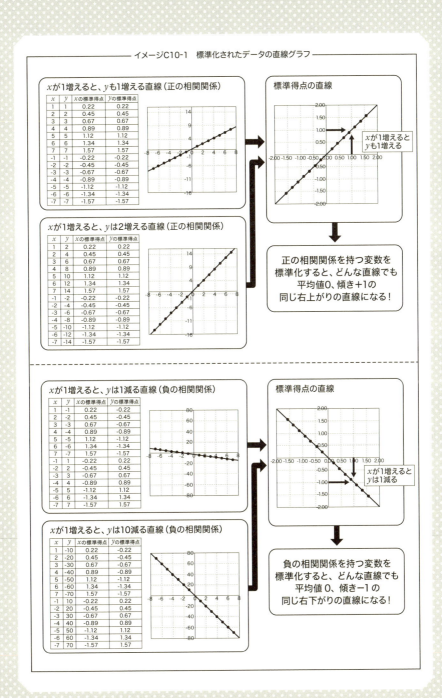

イメージC10-1　標準化されたデータの直線グラフ

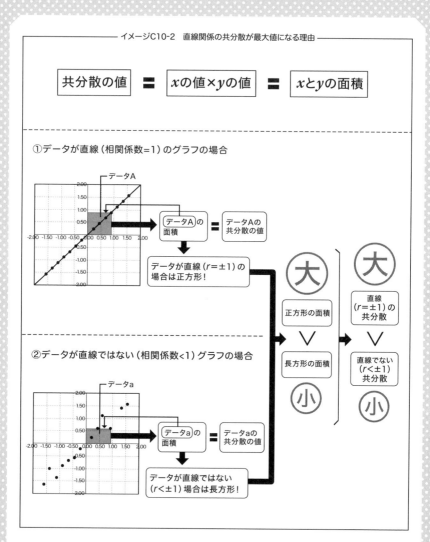

ると**辺の長さ**になるので、「すべてのデータのxの値とyの値を合計した値が等しい」2種類のデータとは辺の長さが同じデータということになります。このことから、**直線のデータの共分散（面積が正方形）は、バラバラな組み合わせのデータの共分散（面積が長方形）よりも必ず大きな値になる**と言えます。これは言い換えると、「**直線のデータの共分散が他の形のデータよりも必ず大きく**

なる」こと、つまり**「直線のデータの共分散が、共分散の最大値になる」**ことを意味します。

　どうして「辺の長さが等しい場合、長方形の面積よりも正方形の面積のほうが大きくなる」のかの証明を**イメージC10-3**に載せておきます。それほど難しい証明ではないので、興味がある人は見てみてください（もちろん、これも興味がない人は読み飛ばしてもらってかまいません）。

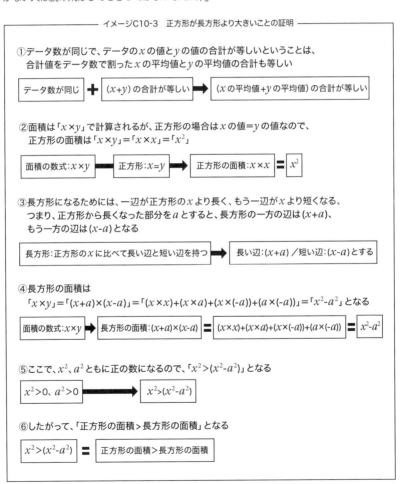

〈付録〉統計手法チェック表

研究目的

_____

分析で知りたいこと

① _____

② _____

③ _____

④ _____

☐ **違いを見る検定**

独立変数1：変数名（　　　　　　　）／（　　　　）水準
独立変数2：変数名（　　　　　　　）／（　　　　）水準
独立変数3：変数名（　　　　　　　）／（　　　　）水準

対応（　あり　・　なし　・　一部あり　）
＊t検定の場合：分散（　等　・　不等　）

従属変数（　　　　　　　　　　）／（　名義　・　順序　・　間隔比例　）尺度

→用いる統計手法（　　　　　　　　　　　）

☐ **相関関係を見る検定**

変数1（　　　　　　　　　　）／（　名義　・　順序　・　間隔比例　）尺度
変数2（　　　　　　　　　　）／（　名義　・　順序　・　間隔比例　）尺度

→用いる統計手法（　　　　　　　　　　　）

☐ **因果関係を見る検定**

説明変数（　　　　　　　　　　）／（　名義　・　順序　・　間隔比例　）尺度
目的変数（　　　　　　　　　　）／（　名義　・　順序　・　間隔比例　）尺度

→用いる統計手法（　　　　　　　　　　　）

＊この部分は統計ソフトで計算しながら見ていく部分なので、分析を頼む段階ではチェックする必要はありません。

〈文献紹介1〉
統計の解説書

　ここからは参考文献に代えて、「文献紹介1」（統計の解説書）と「文献紹介2」（統計ソフトの解説書）を載せています。「文献紹介1」では統計の知識や手法について説明されている文献を、「文献紹介2」では統計ソフトの使い方についての文献を紹介しています。

　まず「文献紹介1」では、私が統計を学ぶ上でわかりやすかった本や他とは違った独特の切り口から統計を紹介している本を「はじめに」で述べた**統計の3つの理解**の仕方（①数式による理解、②文章による理解、③イメージによる理解）に分類してまとめています。もちろん、文献によっては数式、文章、イラストや図などいずれの理解の仕方も活用しながら説明しているので、あくまで「どちらかというとこっちかな」という私の主観による分類です。

　また、文献の読みやすさを★から★★★★で評定していますが、これも私の感覚での分類です。★の数による内容の違いは以下のようになっています。**統計が苦手**という人は★か★★から始めるといいでしょう。**ある程度しっかり統計を学びたい**という人は★★★を、統計の意味と詳しい数式をきちんと理解したいという人は★★★★の本を読むといいと思います。

★：非常に読みやすく、読むのに時間もかからないので、統計の「と」の字も知らないという人や数式を見るとトリハダが立つという人の最初の入り口にはいいレベルです。ただ、統計を詳しく知りたいという人には物足りないかもしれません。

★★：★よりは少し専門的な内容を扱っているため、わかりにくいところがあるかもしれません。とはいえ、入門レベルの内容なのでゆっくり読めば必ず理解できるハズです。統計は苦手だけれど少し詳しく知りたいという人にオススメです。

★★★：かなり専門的な内容まで扱っている本です。ある程度きっちりと統計を学びたいという人はこれらの文献を読んでみるといいでしょう。

★★★★：極めて専門的な内容ですが、これが理解できれば統計についてはかなり

自信を持っていいと思います。ただ、一度読むだけでは理解できず、繰り返し読み直す必要があるかもしれません。

　まずは★★★の本を読んでみて難しければ★★の本を読むなど、自分がどの程度の内容を知りたいかやどの程度の内容が読みやすいかによって、読む本を使い分けるようにするといいのではないかと思います。

理解の分類	難易度	書名	著者	出版年	出版社	紹介者からの一言
数式による理解	★★	本当にわかりやすいごく大切なことが書いてあるごく初歩の統計の本	吉田寿夫	1998	北大路書房	たくさんの例を挙げながら、わかりやすくまとめています。練習問題もあるので、自分で理解できたかどうかの確認をすることもできます。
	★★	手にとるように統計学がわかる本	柳谷晃	2004	かんき出版	ビジネスマン向けの統計本です。数式について株や経済成長などの具体例を挙げながら解説しています。
	★★	イラスト・図解　確率・統計のしくみがわかる本	長谷川勝也	2000	技術評論社	図やイラストもたくさん使われていますが、特に後半は数式がかなり出てくるので、数式による理解に含めました。数式を用いた本の中では読みやすい部類に入ります。
	★★★	新訂　ユーザーのための教育・心理統計と実験計画法	田中敏・山際勇一郎	1992	教育出版	統計の分析方法をフローチャートを用いながら解説しています。本書でのフローチャートもこの本から着想を得ました。
	★★★	心理統計学の基礎	南風原朝和	2002	有斐閣	本文中で引用しましたが、かなり詳しく、かつわかりやすく書かれている本です。ただし、かなり数式が出てくるので、苦手な人は手に取りにくいかもしれません。
	★★★	44の例題で学ぶ統計的検定と推定の解き方	上田拓治	2009	オーム社	具体的な問題を通して、問題を解いていく形で進んでいくので、何をしているのかが理解しやすいです。数式はけっこう出てきます。
	★★★	「穴埋め」で統計分析がスラスラできる	間地秀三	2016	ベレ出版	穴埋め問題を解きながら説明する形式です。説明自体は簡単なものだけなのできちんと意味を知りたい人には向きませんが、計算法も学びたい人には良い本です。
	★★★★	原著第4版　初等統計学	P・G・ホエール著／浅井晃・村上正康訳	1981	培風館	統計全般をキッチリと押さえた良書です。数式はたくさん出てきますが、言葉での説明が丁寧になされています。
	★★★★	統計学のはなし	蓑谷千凰彦	1987	東京図書	かなり昔の本ですが、数式を用いてしっかりと説明しています。主に統計の基礎となる分布の話です。
	★★★★	心理学のためのデータ解析テクニカルブック	森敏昭・吉田寿夫編著	1990	北大路書房	難易度は高いけれど、これが理解できれば統計はバッチリです。私は理解するまでに3回読み返しました。
	★★★★	推測統計のはなし	蓑谷千凰彦	1997	東京図書	『統計学のはなし』の推測統計版です。これも分析方法というよりは、その前提の推測統計の考え方についての話です。

文献紹介1

カテゴリ	評価	タイトル	著者	年	出版社	コメント
数式による理解	★★★★	心理・教育のための統計法 第3版	山内光哉	2009	サイエンス社	数式を用いてキッチリと説明しています。ただ、かなりキッチリ説明しているので、数学が苦手な人には難しいかもしれません。
文章による理解	★	図解 統計がわかる本	山本誠志	2013	学研教育出版	分析方法ではなく、統計の考え方について紹介している本です。統計の歴史や統計学者の話など、統計にまつわる雑学を知ることもできます。
	★	とある弁当屋の統計技術師	石田基広著／りんとイラスト	2013	共立出版	小説のような読み口の本です。数式などは少なく、登場人物のやり取りを通して説明しています。
	★★	朝日おとなの学びなおし！ 文系でもわかる統計分析	須藤康介・古市憲寿・本田由紀	2012	朝日新聞出版	著者の須藤氏と古市氏の対談形式という珍しい統計本です。対談形式なので読みやすく、固い文章が苦手という人には良い本です。内容はかなり突っ込んだところまで書かれています。
	★★★	涙なしの統計学	D・ロウントリー著／加納悟訳	1991	新世社	ほぼ数式を使わず、言葉で説明しています。数学が苦手な人にはオススメです。
	★★★★	試験にでる心理学 心理測定・統計編	山口陽弘	2002	北大路書房	公務員試験用の参考書ですが、大学院入試などにも利用できます。説明はわかりやすいですが、内容はマニアックです。主に用語の説明です。
イメージによる理解	★	入門ビジュアルサイエンス 統計・確率のしくみ	郡山彬・和泉澤正隆	1997	日本実業出版社	統計とその基礎になる確率について、図とイラストを多く使って説明しています。統計手法というよりは、統計の概念の解説書です。
	★	マンガ 必殺！統計攻略法	鍵和田京子・石村貞夫著／さいとうはるき画	2002	シーエムシー出版	その名の通り、マンガで統計を解説しています。マンガなのでスラスラと読み進められます。
	★	マンガでわかる統計学	高橋信著／トレンド・プロマンガ制作	2004	オーム社	マンガでわかるシリーズの統計学です。マンガなので読みやすく、わかりやすいです。マンガ好きの人はここから入るのもいいでしょう。
	★	悩めるみんなの統計学入門	中西達夫	2010	技術評論社	手描き調のイラストと簡単な言葉で統計の解説をしている本です。初めて統計を学ぶ人には手に取りやすいでしょう。
	★★	図解でわかる統計解析	前野昌弘・三國彰	2000	日本実業出版社	スペースを大きく使い、イラストもたくさん活用しているので、かなり読みやすいです。数式についてもきちんと解説しています。
	★★	マンガでわかるナースの統計学	田久浩志・小島隆矢著／こやまけいこ作画／ビーコム制作	2006	オーム社	看護師を対象とした本なので例題が医療関係の話ですが、マンガによる本の中でもかなりキッチリと書かれています。説明もわかりやすく、かなり読みやすい良書です。
	★★	統計学がわかる ハンバーガーショップでむりなく学ぶ、やさしく楽しい統計学	向後千春・冨永敦子	2007	技術評論社	私も愛用のホームページ「ハンバーガー統計学にようこそ！」の内容を加筆・修正したものです。具体的な例を出してくれるので説明もわかりやすい、非常にオススメの良書です。

195

イメージによる理解	★★	マンガでわかる統計学 素朴な疑問からゆる〜く解説	大上丈彦著／メダカカレッジ監修／森皆ねじ子イラスト	2012	SBクリエイティブ	新書サイズで、マンガもおもしろく、解説もほぼ文章でなされているので読みやすいです。内容は統計の考え方に関するもので、統計手法については詳しい説明はありません。
	★★	まずはこの一冊から 意味がわかる統計解析	涌井貞美	2013	ベレ出版	数式を図などを使ってわかりやすく説明しています。色付きなので見やすいです。
	★★	統計学の図鑑	涌井良幸・涌井貞美	2015	技術評論社	カラーで説明もシンプル、イラストや図もたくさん使われているので、頭の整理やちょっと確かめたい時に使いやすい本です。数式も出てきますが、わかりやすく解説をしています。
	★★	臨床心理士指定大学院対策 鉄則10&キーワード25 心理統計編	宮川純著／河合塾KALS監修	2015	講談社	図やイラストで用語を解説しています。具体的な計算法というよりも統計の概念を知りたい人にオススメです。
	★★	統計学の基礎のキ	石村貞夫・石村光資郎	2012	東京図書	分散と相関係数に関する内容をイラストや図を使って説明しています。かなり詳しく説明しており、そのため数式もけっこう出てきます。
	★★	統計学の基礎のソ	石村貞夫・石村友二郎	2012	東京図書	統計学の基礎の後編です。こちらは正規分布とt分布についての解説です。
	★★★	すぐわかる統計解析	石村貞夫	1993	東京図書	図やイラストを活用して統計の説明をしています。内容もよく使われる統計手法を一通り解説しています。
	★★★	すぐわかる統計用語	石村貞夫・D・アレン	1997	東京図書	『すぐわかる統計解析』の統計用語版です。アイウエオ順に説明しているので、統計用語の辞書として活用できます。

〈文献紹介2〉
統計ソフトの解説書

　「文献紹介2」では、統計ソフトの使い方についての解説書を紹介しています。統計ソフトはSPSSやExcelのほか、RやSAS、エクセル統計などがありますが、ここでは心理学の領域でよく利用されているSPSSと、Microsoft Officeにデフォルトで入っているExcelの使い方についての本を取り上げています。

　こちらも文献の読みやすさによって★から★★★で評定しています。★は困った時にパッと開いて使うマニュアル的な使い方の本です。★★★は統計手法の説明や結果の解釈の仕方などが詳しく書かれていますが、やや難し目で、あらかじめ読んで知識を得るという参考書的な使い方の本です。★★はその間です。簡単な統計手法の説明と統計ソフトの使い方を比較的わかりやすく説明した本で、手始めに読むにはよさそうな本です。自分が必要としている本を見つける参考にしてください。

★：統計ソフトの使い方に特化した本で、統計手法の説明は少ないです。統計ソフトを使いたい時にパッと開く、マニュアル的な使い方に向いています。1冊は持っておくと便利です。

★★：簡単な統計の説明と統計ソフトの使い方が載っている本です。★の本のようにはパッと使うことはできませんが、手軽に読みやすい内容です。統計の基本的な知識を学びながらマニュアル的に使うこともできるので、最初はこのレベルの本から読んでいくのもいいと思います。

★★★：統計手法の説明もかなり詳しくなされていて、結果の見方についても詳しい解説があります。ただ、文章が多く、内容的には難し目です。わからない時にパッと開くというよりは、あらかじめ読んで学ぶための本と言えます。

　なお、「文献紹介1」「文献紹介2」で紹介するのは統計本や統計ソフトの解説書のごく一部です。紹介した本以外にも優れた文献はたくさんありますし、私にとってわかりやすい文献がみなさんにとってもわかりやすいとは限りません。人それぞれ感性が違うので、わかりやすい本も人それぞれだと思います。ここでの紹介はあくまで私の一意見として参考にしてください。

そしてデジタル的思考が中心の統計の本でこんなことを言うのも変ですが、ここで紹介した本を参考にする人も、自力で自分に合った文献を探す人も、最後は**自分の感覚を大事にして、「自分にとってわかりやすい本」**を見つけてくださいね。

統計ソフト	難易度	書名	著者	出版年	出版社	紹介者からの一言
SPSS	★	SPSSによる統計処理の手順　第7版	石村貞夫・石村光資郎	2013	東京図書	非常に有名なSPSSの解説書です。手順に従って操作していけば、結果の表を出すことができます。統計の内容や結果の見方ではなく、SPSSの操作法が知りたい人向けの本です。
	★	SPSSによる臨床心理・精神医学のための統計処理　第2版	石村貞夫・加藤千恵子・石村友二郎	2015	東京図書	基本的には『SPSSによる統計処理の手順』と同じですが、その他にカテゴリカルデータの扱いやオッズ比、シングルケース分析など医学・臨床心理学で用いられる手法の紹介も行っています。また、例題は臨床心理や精神医学のテーマを扱っています。
	★	SPSSによる分散分析と多重比較の手順　第4版	石村貞夫・石村光資郎	2011	東京図書	基本的には『SPSSによる統計処理の手順』と似ていますが、分散分析に特化した内容です。図の見方など、分散分析に限定するのであればこちらのほうが詳しいです。
	★	SPSSとAmosによる心理・調査データ解析　第2版	小塩真司	2011	東京図書	こちらも有名なSPSSの解説書です。最初に統計の基礎知識の紹介はありますが、一つひとつの分析法についての説明はありませんし、詳しい結果の見方もありません。基本的な統計手法のほか、多変量解析やAmosを使った共分散構造分析のやり方まで幅広い統計手法を扱っています。
	★	SPSSのススメ1　2要因の分散分析をすべてカバー　増補改訂版	竹原卓真	2013	北大路書房	SPSSの手順や結果の見方をわかりやすく説明していて、非常に見やすい本です。初めてSPSSを使うという人にオススメです。内容はt検定、分散分析がメインです。
	★★	SPSSによるやさしい統計学　第2版	岸学	2012	オーム社	グラフや記述統計の出し方から基本的な統計手法まで、幅広いSPSSの使い方が書かれています。また、各統計手法の解説や分析タイプに分けての説明など、統計手法の内容を学ぶこともできます。
	★★	すぐわかるSPSSによるアンケートの調査・集計・解析　第5版	内田治	2013	東京図書	データの入力、加工、グラフの描き方などを丁寧に説明しています。SPSSの使い方についてはかなりシンプルな記述です。名義尺度のデータの分析について詳しく書かれています。
	★★	ウルトラ・ビギナーのためのSPSSによる統計解析入門	小田利勝	2007	プレアデス出版	t検定や相関分析から多変量解析まで扱っています。ある程度の統計の説明とSPSSの使い方の両方について説明しています。読みやすい本で、統計の知識を学びつつ、実際のデータの分析にも役立ちます。

文献紹介2

	★★★	超初心者向けSPSS統計解析マニュアル	米川和雄・山﨑貞政	2010	北大路書房	基本的な統計手法から多変量解析まで、幅広い統計手法を解説しています。結果の各表について詳しく説明してくれていますが、丁寧な分、文章での説明が多いため、SPSSの操作がわからない時にすぐ調べたいという使い方には向いていないかもしれません。
	★★★	文系のためのSPSS超入門	秋川卓也著／内藤統也監修	2007	プレアデス出版	統計手法の説明とSPSSの使い方の両方について書かれています。統計手法の理屈や結果の見方についてもかなり詳しく紹介しています。その分、マニュアル的に使いづらいのは他の★★★の本と同じです。
Excel	★	統計処理に使うExcel2016活用法	相澤裕介	2016	カットシステム	数式を打ち込んでの計算法と分析ツールの両方を紹介しています。大きくページを使っているので説明が見やすく、わかりやすいです。
	★★	すぐに使えるExcelによる分散分析と回帰分析	内田治	2009	東京図書	ある程度の統計手法の解説もあり、Excelの分析ツールの使い方もあり、という感じです。内容は主に分散分析と回帰分析系の統計手法に限定されています。
	★★	できる やさしく学ぶExcel統計入門	羽山博・できるシリーズ編集部	2015	インプレス	統計の解説と数式を用いたExcelでの計算法が載っています。分析ツールではなく、数式打ち込みで分析をする場合に役に立ちます。

索引

単語	読み方	英語	ページ
あ行			
r^2値	あーるじじょうち	r-squared value	176
r値	あーるち	r-value	171
値	あたい	value	26
意味による理解	いみによるりかい	understanding by the meaning	12
イメージによる理解	いめーじによるりかい	understanding by the imaginative explanation	10
因果関係	いんがかんけい	causation	72
ウィルコクソンの順位和検定	うぃるこくそんのじゅんいわけんてい	Wilcoxon rank sum test	96
ウィルコクソンの符号付順位検定	うぃるこくそんのふごうつきじゅんいけんてい	Wilcoxon signed-rank test	97
ウェルチの検定	うぇるちのけんてい	Welch's t-test	102
F値	えふち	F-value	116, 151
F分布	えふぶんぷ	F-distribution	116
か行			
χ^2検定	かいじじょうけんてい	chi-squared test	94, 161, 168
χ^2値	かいじじょうち	chi-squared value	116
χ^2分布	かいじじょうぶんぷ	chi-squared distribution	116
学習効果	がくしゅうこうか	learning effect	38
確率	かくりつ	probability	124
加算	かさん	addition	54
カットオフ値	かっとおふち	cutoff value	169
カテゴリー	かてごりー	category	46
間隔尺度	かんかくしゃくど	interval scale	52
関係	かんけい	relationships	67, 85
関係の種類	かんけいのしゅるい	types of relationship	71, 73, 172
関係の強さ	かんけいのつよさ	strength of the relationship	174
棄却	ききゃく	rejection	128
危険率	きけんりつ	significance level	117

記述統計	きじゅつとうけい	descriptive statistics	123
基準値	きじゅんち	reference value	116
帰無仮説	きむかせつ	null hypothesis	114
帰無仮説の期待値	きむかせつのきたいち	expected value of the null hypothesis	161
客観	きゃっかん	objective	149, 159
共分散	きょうぶんさん	covariance	179, 188
寄与率	きよりつ	proportion of variance	176
クラスカル・ウォリスの検定	くらすかる・うぉりすのけんてい	Kruskal-Wallis test	98
クラメールの連関係数	くらめーるのれんかんけいすう	Cramer's coefficient of association	90
群	ぐん	group	29
群分け	ぐんわけ	grouping	30
研究参加者	けんきゅうさんかしゃ	research participant	111
研究対象者	けんきゅうたいしょうしゃ	research subject	111
研究目的	けんきゅうもくてき	purpose of research	16, 85
減算	げんさん	subtraction	54
検定統計量	けんていとうけいりょう	test statistic	116
ケンドールの順位相関係数	けんどーるのじゅんいそうかんけいすう	Kendall's rank correlation coefficient	91
効果	こうか	effectiveness	33
コクランのQ検定	こくらんのきゅーけんてい	Cochran's Q test	95
誤差（個人差）	ごさ（こじんさ）	error	34
個人データ	こじんでーた	individual data	26
混合型分散分析	こんごうがたぶんさんぶんせき	mixed-design analysis of variance	105
さ行			
最小値	さいしょうち	minimum value	46
最大値	さいだいち	maximum value	46
最頻値	さいひんち	mode	46
残差分析	ざんさぶんせき	residual analysis	166
散布度	さんぷど	dispersion	42
サンプル（標本）	さんぷる（ひょうほん）	sample	112
実験群（介入群）	じっけんぐん（かいにゅうぐん）	experimental group	30

実際の観測値	じっさいのかんそくち	actual observed value	161
質的データ	しつてきでーた	qualitative data	26, 168
四分位偏差	しぶんいへんさ	quartile deviation	50
尺度水準	しゃくどすいじゅん	level of measurement/ scale of measure	41, 76
従属変数	じゅうぞくへんすう	dependent variable	31
主観	しゅかん	subjective	149, 159
主観的確率	しゅかんてきかくりつ	subjective probability	159
順位相関係数	じゅんいそうかんけいすう	rank correlation coefficient	91
順序尺度	じゅんじょしゃくど	ordinal scale	48
条件	じょうけん	condition	28
条件間の違いの大きさ	じょうけんかんのちがいのおおきさ	size of the difference between conditions	136
条件数	じょうけんすう	condition number	28, 78
乗算	じょうさん	multiplication	57
除算	じょさん	division	57
水準	すいじゅん	level	28
水準数	すいじゅんすう	level number	28
推測統計	すいそくとうけい	inferential statistics	124
数式による理解	すうしきによるりかい	understanding by the mathematical explanation	7
スピアマンの順位相関係数	すぴあまんのじゅんいそうかんけいすう	Spearman's rank correlation coefficient	91
正規分布	せいきぶんぷ	normal distribution	116
正の関係	せいのかんけい	positive relationship	67
正の相関	せいのそうかん	positive correlation	172
絶対ゼロ点	ぜったいぜろてん	absolute zero point	52
説明変数	せつめいへんすう	explanatory variable	32
漸増・漸減関係	ぜんぞう・ぜんげんかんけい	recruitment relationship, decline relationship	173
相関関係	そうかんかんけい	correlation	72
相関係数	そうかんけいすう	correlation coefficient	171
相関比	そうかんひ	correlation ratio	89

	た行		
対応	たいおう	match	37, 80
対応づけ	たいおうづけ	matching	38
対応のあるt検定	たいおうのあるてぃーけんてい	paired t-test	103, 146
対応のある分散分析	たいおうのあるぶんさんぶんせき	within-subject analysis of variance	106
対応のないt検定	たいおうのないてぃーけんてい	independent t-test	101, 146
対応のない分散分析	たいおうのないぶんさんぶんせき	between-subject analysis of variance	104
大小関係	だいしょうかんけい	magnitude correlation	49
代表値	だいひょうち	representative value	42
対立仮説	たいりつかせつ	alternative hypothesis	114
多重比較	たじゅうひかく	multiple comparisons	131, 166
単回帰分析	たんかいきぶんせき	single regression analysis	88
違い	ちがい	difference	70, 85
中央値	ちゅうおうち	median	50
調整済み標準化残差	ちょうせいずみひょうじゅんかざんさ	adjusted standardized residual	166
直線関係	ちょくせんかんけい	linear relationship	67, 172, 188
t検定	てぃーけんてい	t-test	135
t値	てぃーち	t-value	116, 135
t分布	てぃーぶんぷ	t-distribution	116
データ	でーた	data	26
テューキーのHSD法	てゅーきーのえいちえすでぃーほう	Tukey's honestly significant difference test	133
統計嫌いが人を頼るためのフローチャート	とうけいぎらいがひとをたよるためのふろーちゃーと	flowchart for people who dislike statistics to rely on people good at	19
統計手法選択フローチャート	とうけいしゅほうせんたくふろーちゃーと	flowchart for statistical method selection	65
統計的仮説検定	とうけいてきかせつけんてい	statistical hypothesis testing	126
統制群（対照群）	とうせいぐん（たいしょうぐん）	control group	30
等分散	とうぶんさん	homoscedasticity	83

等分散の検定（F検定）	とうぶんさんのけんてい（えふけんてい）	test for homogeneity of variance/F-test	84
独立変数	どくりつへんすう	independent variable	31

は行

範囲（レンジ）	はんい（れんじ）	range	46
ピアソンの積率相関係数	ぴあそんのせきりつそうかんけいすう	Pearson's product-moment correlation coefficient	92, 171
p 値	ぴーち	p-value	118
標準化	ひょうじゅんか	standardization	119
標準得点（z 得点）	ひょうじゅんとくてん（ぜっととくてん）	standard score	119
標準偏差	ひょうじゅんへんさ	standard deviation	61
比例尺度（比較尺度, 比率尺度）	ひれいしゃくど（ひかくしゃくど, ひりつしゃくど）	ratio scale	56
負の関係	ふのかんけい	negative relationship	67
負の相関	ふのそうかん	negative correlation	172
フリードマンの検定	ふりーどまんのけんてい	Friedman test	99
分散	ぶんさん	variance	54, 61
分散の等質性	ぶんさんのとうしつせい	homogeneity of variance	83
分散の等しい t 検定	ぶんさんのひとしいてぃーけんてい	independent t-test	101
分散不等	ぶんさんふとう	heteroscedasticity	83
分散分析	ぶんさんぶんせき	analysis of variance	151, 168
文章による理解	ぶんしょうによるりかい	understanding by the linguistic explanation	9
分布	ぶんぷ	distribution	115
平均値	へいきんち	mean value	54
偏差値	へんさち	deviation value	123
変数	へんすう	variable	27
母集団	ぼしゅうだん	population	111

ま行

マクネマー検定	まくねまーけんてい	Mcnemar's test	93
マン・ホイットニーの U 検定	まん・ほいとにーのゆーけんてい	Mann-Whitney U test	96
無作為（ランダム）	むさくい（らんだむ）	random	35

無作為抽出	むさくいちゅうしゅつ	random sampling	35
無作為割り当て	むさくいわりあて	random assignment	35
無相関	むそうかん	no correlation	174
名義尺度	めいぎしゃくど	nominal scale	44
目的変数	もくてきへんすう	response variable	33
や行			
有意確率	ゆういかくりつ	significance probability	117
有意差	ゆういさ	significant difference	118
有意水準	ゆういすいじゅん	significance level	117
U字・逆U字関係	ゆーじ・ぎゃくゆーじかんけい	U-shaped relationship, inverted U-shaped relationship	173
要因	よういん	factor	27
要因数	よういんすう	factor number	28
予測	よそく	prediction	74
ら行			
乱数表	らんすうひょう	table of random numbers	35
量的データ	りょうてきでーた	quantitative data	26, 168
連関係数	れんかんけいすう	coefficient of association	90

おわりに

　本書では統計の専門家とは違う視点から統計について書いてみたつもりですが、いかがだったでしょうか？　このような本を書きたいと思ったきっかけは、統計が苦手だと言っていた臨床心理学を学ぶ学生にイメージを用いて統計を教えたところ、思いのほかすんなりと理解ができたという体験でした。確かに臨床心理学を学ぶ人の中には数学が苦手という人が多い気がします。けれども、イメージをする力は臨床心理学の中では重要であり、臨床心理学を学ぶ人の中には優れたイメージ力を持つ人が少なくありません。そのような人にとっては、数式から統計を学ぶよりも、イメージから統計を学ぶほうがわかりやすいのではないか、と考えました。

　ある人は統計を理解する上で数式のほうが理解しやすいかもしれませんし、別の人はイメージのほうが理解しやすいかもしれません。また、理屈はともかく自分が統計を用いた研究を行う上で最低限知っておいたほうがいいことさえわかればいいという人もいるかもしれません。それぞれの学び手の持ち味やニーズが違うのなら、その多様性に応えられるように、個人の持ち味やニーズに合った統計の学び方を考えるほうがいいのではないかと思います。

　本書はこのような考えのもと、私が「統計の本にこんなことが書かれているといいな」と思っていたことを詰め込んだものです。数式を用いた統計本はすでにたくさん出版されているので、本書では特に統計手法を選ぶ上で必要な情報を知りたい人やイメージで学ぶのが合っている人に向けて、なるべくわかりやすい説明をしようと努力したつもりです。

　もちろん、本書がすべての人の持ち味やニーズに応えられる本というわけではありませんが、もし私と同じような感覚を持っていて、本書を読んで「わかりやすかった」「統計が少し嫌いではなくなった」という人がいてくれるとしたら、著者として望外の喜びです。そして、もしまたこのような本を読んでみたいという人がいたら、多変量解析についての本も今後執筆予定なので、ぜひそちらのほうもご期待ください。また、著書を通してみなさんにお会いできるのを楽しみにしています。

　最後に、いろいろな要望に応えてかわいいイラストを描いてくださったこうちまさよさん、本書のコンセプトや内容に対してさまざまなアイディアをくださり、何よりも私が書きたいように自由に書かせてくださった創元社の柏原隆宏さんに厚く御礼申し上げます。

2016年10月
白井祐浩

―――― 著者紹介 ――――

白井祐浩
(しらい・まさひろ)

1979年生まれ。九州産業大学大学院国際文化研究科博士後期課程修了。博士（文学）、臨床心理士。専門は臨床心理学、スクールカウンセリング。現在、志學館大学人間関係学部准教授。また、スクールカウンセラーとして臨床実践を重ねるとともに、セラピストの訓練として「セラピスト・センタード・トレーニング」を提唱し、実践している。2023年、日本人間性心理学会「ロジャース賞」受賞。

主要著訳書・論文

『逆引き！　心理学研究法入門──自分の知りたいことから研究手続きを選べるようになる本』（単著，創元社，2024年）

『じぶん＆こころ 学ぶBOOK』（分担執筆，培風館，2014年）

『「自分らしさ」を認めるPCAグループ入門──新しいエンカウンターグループ法』（分担執筆，創元社，2014年）

『心理臨床の学び方──鉱脈を探す，体験を深める』（分担執筆，創元社，2015年）

『被災者支援のくらしづくり・まちづくり──仮設住宅で健康に生きる』（分担執筆，古今書院，2016年）

『心理学をまじめに考える方法──真実を見抜く批判的思考』（分担訳，誠信書房，2016年）

「セラピスト・センタード・トレーニングの意義──『正しい臨床』から『私の臨床』へ」（共著，志學館大学大学院心理臨床学研究科紀要，7，3-11.）

「統計分析法選択の視点と分類に関する試論──複数変数分析法マップ・多変量解析法マップの作成」（九州産業大学大学院臨床心理センター臨床心理学論集，4，103-111.）

「質的データ収集法マップ及び質的研究法分析法マップ作成の試み── 質的研究法の選び方」（九州産業大学大学院臨床心理センター臨床心理学論集，7，3-14.）

統計嫌いのための心理統計の本
統計のキホンと統計手法の選び方

2017年1月20日　第1版第1刷発行
2024年12月20日　第1版第11刷発行

著　者────白井祐浩
発行者────矢部敬一
発行所────株式会社 創元社

〈本　　社〉
〒541-0047　大阪市中央区淡路町4-3-6
TEL.06-6231-9010（代）　FAX.06-6233-3111（代）
〈東京支店〉
〒101-0051　東京都千代田区神田神保町1-2 田辺ビル
TEL.03-6811-0662（代）
https://www.sogensha.co.jp/

印刷所────株式会社 太洋社

©2017, Printed in Japan
ISBN978-4-422-11625-9 C3011

〈検印廃止〉

落丁・乱丁のときはお取り替えいたします。

表紙・本文イラスト　　こうちまさよ
装丁・本文デザイン　　長井究衡

JCOPY 〈出版者著作権管理機構 委託出版物〉

本書の無断複製は著作権法上での例外を除き禁じられています。複製される場合は、そのつど事前に、出版者著作権管理機構（電話 03-5244-5088、FAX 03-5244-5089、e-mail: info@jcopy.or.jp）の許諾を得てください。

本書の感想をお寄せください
投稿フォームはこちらから ▶▶▶